AF279764

Der Autor wurde 1956 in Dortmund geboren. Er studierte Wirtschaftswissenschaften, Germanistik und Pädagogik und leitete als Studiendirektor viele Jahre den Bereich Erwachsenenbildung an einem Berufskolleg. Zeit seines Lebens interessieren ihn allerdings auch philosophische, theologische und esoterische Fragestellungen. Warum? Vielleicht weil er selbst schon einmal an einem tiefen Abgrund stand oder weil es einfach auch nur unendlich spannend ist.
Seit seiner Pensionierung arbeitet er als ehrenamtlicher Mitarbeiter in einem ambulanten Hospizdienst.

Jo Haber

Ewige Reise

Über das Leben und
das Leben danach

© 2025 Jo Haber
Verlag: BoD · Books on Demand GmbH,
Überseering 33, 22297 Hamburg,
bod@bod.de
Druck: Libri Plureos GmbH,
Friedensallee 273, 22763 Hamburg
ISBN: 978-3-7597-5908-5

Hebt man den Blick, so sieht
man keine Grenzen.

Inhalt

Aus Gründen der Lesbarkeit habe ich überwiegend die männliche Form gewählt.

Über ein Feedback würde ich mich freuen:

E-Mail: *neuer.blick@web.de*
www.johaber.de

Vorwort

Was zählt im Leben? Geld, eine schöne Wohnung, Urlaubsreisen, ein sicherer Arbeitsplatz, ein ausreichendes Einkommen, Familie, Freunde, Gesundheit? All das ist ohne Frage wichtig und jeder weiß, wie es sich anfühlt, wenn der wohl wichtigste Baustein Gesundheit angeschlagen ist. Mal angenommen, Sie haben all das, dann müssten Sie doch eigentlich rundum glücklich sein. Vielleicht sind Sie es ja auch. Oder Ihnen fehlt vielleicht noch das eine oder andere kleine Steinchen zum perfekten Glück. Manche mögen auch weniger Glück haben und kein Baustein passt so richtig oder viele fehlen ganz. Scheinbar besteht unser Leben nur aus der *Jagd* nach diesen Bausteinen. Aber reicht das?

Wenn ich Sie jetzt fragen würde, ob Sie an ein Leben nach dem Tod glauben, wie würden Sie dann antworten? Sie haben drei Antwortmöglichkeiten: *ja, nein, weiß nicht.*

Ich schätze einmal, Sie würden die Variante *weiß nicht* wählen.

Ist ja auch eine schwierige Frage. Der Tod ist nun einmal kein einfaches Thema und doch ein umso wichtigeres, da dieses Schicksal uns alle einmal ereilen wird.

Hast du schon gehört? Nein, erzähl doch mal! Tausendfach gehört, oder? Was wohl der Nachbar beruflich macht, ob er wirklich so viel verdient? Können Sie abends an beleuchteten Wohnungsfenstern vorbeigehen, ohne hineinzuschauen? Wir Menschen müssen wohl grenzenlos neugierig sein und doch scheinen merkwürdigerweise die wirklich wichtigen, existenziellen Fragen wie die nach der Endlichkeit unseres Seins hier auf der Welt oder auch nach einem möglichen Sinn des Lebens weniger zu interessieren. Fast so, als würde sich unser aller Leben hier in einem großen Saal abspielen, in dem wir geschäftig, allzu oft auch nur gehetzt unserer Geschäfte nachgehen mit der uns eigenen scheinbar grenzenlosen Neugierde für die Befindlichkeiten anderer. In diesem großen Saal befindet sich allerdings auch ein großes Tor – nennen wir es *Das Tor des Lebens*. Es ist angelehnt und doch hetzen fast alle an diesem eigentlich doch so unübersehbaren Tor vorbei, nur die wenigsten bleiben stehen und fragen sich, was sich wohl dahinter verbergen mag? Hin und wieder verweilt doch einmal einer etwas länger, stutzt, schaut wie beiläufig in den Torspalt, sinniert und hastet dann doch schnell wieder weiter.

Ich glaube, gerade wir Menschen in der westlichen Welt sind Meister des Verdrängens oder gar Ignorierens. Spirituelle Fragen haben zumeist keinerlei Bedeutung im täglichen Überlebenskampf bzw. wir überlassen Antwortversuche gerne anderen, zur Not auch dem Pfarrer, der ja schließlich auch noch sein Geld damit verdient. Und dennoch! Zuweilen scheint es doch aufzuflackern, dieses so mysteriöse mystische Licht der Endlichkeit, dann interessieren wir uns plötzlich doch für dieses geheimnisvolle *Tor des Lebens*. Zumeist in existenziellen Lebenssituationen wie beim Tod eines nahen Angehörigen oder guten Freundes tauchen Fragen, Ängste, Unverständlichkeiten auf, beschleicht uns ein Gefühl, auch über diesen so geheimnisvollen Baustein etwas mehr erfahren zu wollen, und wir wagen den *ungeheuerlichen* Gedanken, ob nicht vielleicht doch nach dem Tod noch etwas kommen könnte, die Reise noch nicht beendet ist.

Religiöse Menschen haben es da etwas einfacher. Sie würden auf meine Frage wahrscheinlich mit *Ja* antworten, weil sie sich dann im Paradies wähnen oder sich, wie die Buddhisten, auf ihre Wiedergeburt vorbereiten. Atheisten haben ebenfalls eine scheinbar klare Sicht der Dinge. Sie antworten bestimmt mit *Nein*. Sie glauben ja zu wissen, dass da nichts mehr kommt. Ja, sie glauben zu wissen, aber glauben heißt ja bekanntlich nicht wissen. Und so sind sich Gläubige und Atheisten merkwürdigerweise viel näher, als man vermuten sollte.

Wie ich antworten würde? Mit einem klaren *Ja!* Warum ich mir da so sicher bin? Weil wir alle aus einem göttlichen Licht ins Leben treten, unser Leben hier auf dieser so wundersamen Welt leben und danach auch wieder eintauchen in jenes mystische Licht.

Nun fragen Sie sich verständlicherweise, was mich da so sicher macht?

Weil es eine Reihe von sehr überzeugenden Lichtpunkten gibt, ich nenne sie Indizien, die keinen anderen Schluss zulassen. Und genau darum geht es in diesem Buch, Ihnen diese Lichtpunkte, diese Indizien näher zu bringen.

Lassen Sie sich ein auf eine spirituelle Reise zu verborgenen, vielleicht auch völlig unbekannten neuen Ufern.

Dieses Buch ist daher gedacht für alle Neugierigen und neugierig gewordenen, die länger vor dem *Tor des Lebens* verweilen und den Blick dahinter wagen wollen. Gehen wir also auf die Reise!

Kapitel I

Von der Wirklichkeit und anderen Wirklichkeiten

Abb. 1

Wie auch immer Sie die Frage nach einem Leben nach dem Tod beantworten, egal! Fragen Sie sich doch bitte zuerst einmal, ob Sie sich überhaupt schon einmal eingehender mit dieser Frage beschäftigt haben. Welche Vorstellungen haben Sie vom Tod? Oder beschleicht Sie sofort ein eher mulmiges Gefühl, wenn Sie daran denken? Verbinden wir mit dem Tod doch zumeist so Negatives wie Verlust, Trauer, Beerdigungen im Nieselregen, Angst vor dem Unbekannten und anderes Unschöne! Ja, das sind Begleiterscheinungen, die wahrlich auf der Beliebtheitsskala nicht ganz oben stehen. Vielen treibt es gar Schweißperlen auf die Stirn, glauben der Tod klopfe einem persönlich auf die Schultern, würde man sich mit ihm zu sehr befassen. Also, dann doch lieber verdrängen! Das Leben ist schließlich anstrengend genug. Eigentlich nur zu verständlich eine solche Sichtweise.

Und doch, die Medaille unseres Lebens, unseres Seins hat nun einmal diese zwei Seiten, die des Lebens und die des Todes. Blende ich die eine Seite aus, verdränge ich sie, so ist sie ja nicht weg, sondern bleibt nur unbeachtet, unbeleuchtet. Bleibt sie aber unbeleuchtet, so kann dies nur, nein, so muss dies zu all jenen diffusen und bedrohlichen Ängsten vor dem Unbekannten, vor dem Tod führen, die uns nur zu oft den Schlaf rauben.

Nach einer Umfrage in Deutschland glauben nur 38 Prozent der Befragten an ein Leben nach dem Tod (1). Ja, unsere westliche Welt wird immer nüchterner, entzaubert sich auf eine geradezu atemberaubende Weise und verliert dadurch natürlich immer mehr auch den Bezug zu spirituellen Fragen. Schließlich ist der nächste Tripp nach Mallorca oder auch das neue Auto doch so viel wichtiger.

Versuchen wir also diesen, sagen wir einmal eingeschränkten, wesentliche Dinge aussparenden Blick auf unser Sein zu erweitern, versuchen wir jene angstbesetzte Dunkelheit durch Lichtstrahlen zu erhellen, um nicht nur der einen, sondern auch der anderen Seite der Medaille, auch diesem so wichtigen Baustein unseres Seins, gerechter zu werden. Verschaffen wir einer neuen Sichtweise Raum, die Ängste in vertrauende Zuversicht wandeln kann.

Eigentlich dürfte die Antwort auf meine Frage ja gar nicht so schwierig sein. Alle Religionen gehen schließlich davon aus, dass da noch etwas kommt nach dem Tod. Doch, wie wir alle wissen, Glaube und Wissen sind eben zwei Paar Schuhe. Wie also der Pfarrer von nebenan antworten würde, dürfte relativ klar sein. Wie aber würden wohl Menschen antworten, die es aufgrund ihrer Ausbildung und Profession eigentlich besser wissen müssten? Ich denke da insbesondere an Wissenschaftler, an Mediziner, die sich ja auch auf das immer größer werdende naturwissenschaftliche Wissen, auf Erkenntnisse der Biologie, Chemie oder auch Physik, stützen können. Was sagen sie zur Endlichkeit unseres Seins?

Die Antwort ist relativ eindeutig und sehr nüchtern: Wenn der Mensch stirbt und damit auch die Schaltzentrale im Kopf, unser Gehirn, dann bedeutet das das absolute Ende. Dann kann nichts mehr kommen. Ein Leben nach dem Tod ist wissenschaftlich betrachtet unmöglich. Unsere Reise endet also hier endgültig. Unser Bewusstsein, sprich unsere Individualität, unser Ich-Empfinden, also all das, was Sie zum Beispiel auch bewogen hat, dieses Buch zu lesen, das geht unter, erlischt unwiderruflich mit dem Absterben des Gehirns. Diese scheinbar nicht mehr anzuzweifelnde, unumstößliche Auffassung spiegelt die offizielle wissenschaftliche Lehrmeinung wider und wird auch mit dem Begriff *Gehirnbewusstsein* umschrieben. Das bedeutet im Klartext, unser Gehirn produziert Bewusstseinsprozesse quasi aus sich selbst heraus, und wenn es abstirbt, dann ist Schluss. Punkt!

Wissen sollte man hierbei allerdings, dass diese Sichtweise lediglich eine Hypothese, eine Annahme ist, die wissenschaftlich in keiner Weise belegt ist. Man unterstellt also nur dieses Gehirnbewusstsein. Damit steht diese Annahme in einem eindeutigen Gegensatz zu bewiesenen, nicht mehr anzuzweifelnden medizinischen Fakten wie etwa, dass das Herz Blut durch die Adern pumpt. Für den amerikanischen Neurochirurgen und Harvard-Dozenten Eben Alexander steht außer Frage, dass Neurowissenschaftler *(Neurowissenschaften befassen sich mit dem Aufbau und der Funktionsweise des menschlichen Gehirns.)* zwar wüssten, welche Areale im Gehirn wann aktiviert sind, zum Beispiel welche Bereiche aktiv sind, wenn Sie dieses Buch lesen, nicht aber, wie aus diesem unfassbaren Wirrwarr von Neuronen und Synapsen so etwas wie Bewusstsein entstehen könnte. So auch der deutsche Hirnforscher Gerhard Roth, dass es nämlich den Neurowissenschaften nicht möglich sei, die Eigenschaften des Bewusstseins aus Eigenschaften der Gehirnaktivitäten

17

logisch zwingend abzuleiten. Punktum, es gibt auch nicht ansatzweise eine fundierte wissenschaftliche Erklärung dafür, wie das Gehirn Bewusstsein erschaffen könnte. Es existiere keinerlei theoretischer Rahmen, der Gehirn und Bewusstsein miteinander verbindet, so noch einmal Eben Alexander. Merkwürdig! Und dennoch behaupten nach wie vor maßgebliche Wissenschaftler, dass es sich nur so verhalten könne, dass allein das Gehirn Bewusstsein produziere, ganz in Analogie zu einem Fernsehgerät, das ja schließlich auch Filme und Serien produziert. Noch gestern habe ich mir eine neue Netflix-Serie angeschaut. Wie bitte, was meinen Sie? Der Fernseher produziert gar keine Serien? Habe ich da etwas falsch verstanden? Ist es dann aber nicht genauso gut möglich, dass unser Gehirn auch nur so etwas wie eine Vermittlungsstation für das Programm *Bewusstsein* ist, ganz in Analogie zu der ureigenen Funktion eines Fernsehgerätes? Ohne Frage, ganz schön gewagte Gedanken. Aber sind sie wirklich so abwegig? Und genau das werden wir genauer untersuchen müssen.

Warum man in den Naturwissenschaften für solcherart Gedanken zumeist nur ein müdes Lächeln übrighat, dafür müssen wir die Zeit ein wenig, so rund 500 Jahre, zurückdrehen. Ausgelöst, man könnte fast sagen verbockt, hat dies nämlich in erster Linie die katholische Kirche mit ihrer geradezu manischen Wissenschaftsfeindlichkeit. Die Kirche allein bestimmte damals, was zu glauben ist und was nicht. Wissen dürfe allein dem Glauben dienen, quasi als ergänzende Bestätigung der kirchlichen Glaubensvorstellungen. Nur ein Beispiel von vielen: Die Erde ist Mittelpunkt des Universums und die Sonne dreht sich um die Erde. Logisch! Die Sonne geht ja schließlich auf und unter. Und dass wir Menschen als Krönung göttlicher Schöpfung der Mittelpunkt des Universums sein müssen, ist ja auch klar. Aber die Menschen waren zum Glück nicht alle nur obrigkeits- und damit auch kirchenhörig. Johannes Kepler (1571 – 1630) und Nikolaus Kopernikus (1473 – 1543) waren zum Beispiel so kluge Köpfe, die selber nachdachten und erkannten, dass da etwas nicht stimmen konnte: Die Sonne dreht sich gar nicht um die Erde, sondern umgekehrt, die Erde dreht sich um die Sonne wie auch alle anderen Planeten. So ist es richtig. Das italienische Allroundgenie Galileo Galilei (1564 – 1641) hat diese geradezu revolutionäre Sichtweise durch eigene Untersuchungen bestätigt und dies auch öffentlich vertreten. Das war nun aber etwas zu viel für die Kirche. Nein, nein, man kann doch nicht so einfach das kirchliche Weltbild auf den Kopf stellen. Galilei sollte widerrufen. Sonst würde ihm der Scheiterhaufen drohen. Das machte man früher so. Ich weiß nicht, was Sie gemacht hätten? Ich kann durchaus nachvollziehen, dass er sich für die weniger heiße Variante entschieden hat. Er wurde übrigens erst im Jahre 1992 von Papst Johannes Paul II. rehabilitiert. Ja, manche Dinge brauchen halt etwas länger.

Das Tragische nicht nur an diesem Fall lag darin, dass Galilei zeitlebens ein tiefgläubiges Mitglied der Kirche war, und er eben dieser Kirche nur helfen wollte, sie vor einem verhängnisvollen Irrtum zu bewahren. Wie stände diese Institution dar, so dachte er, wenn bekannt würde, dass sie sich in grundlegenden Dingen irrte. Kaum auszudenken, was das für Folgen hätte haben können.

Mit der *kopernikanischen Wende*, sprich der Abkehr vom geozentrischen Weltbild, nach dem sich die Sonne um die Erde dreht, hin zum heliozentrischen, begann vor rund 500 Jahren sozusagen auch der Siegeszug der Naturwissenschaften. Wir Menschen wollen halt die Welt verstehen, zur Not auch ohne Gott. Isaac Newton (1643 –

1727), um nur einen bedeutenden Physiker zu nennen, hat fraglos epochale naturwissenschaftliche Entdeckungen gemacht, die bis heute gelten. Eine der bedeutendsten war zweifelsohne seine Theorie von der Schwerkraft. Mit dem Gravitationsgesetz bewies er, dass sich Körper gegenseitig anziehen und mit ihrer Schwerkraft aufeinander einwirken. Deshalb wird die Erde auch von der Sonne angezogen und der Apfel, der zu Boden fällt, von der Erde. Nach Newton funktioniert die Welt, das ganze Universum quasi wie ein Uhrwerk, ist also so etwas wie eine Maschine, die nach klaren berechenbaren Bewegungsgesetzen arbeitet. Würde man all diese Gesetzmäßigkeiten kennen, wüsste man, warum etwas passierte, heute passiert und morgen passieren wird. Und dieses Uhrwerk-Universum besteht aus Materie, aus kleinen Teilchen, aus *kleinsten, massiven, festen, harten, undurchdringlichen, unteilbaren und beweglichen Kügelchen* (Partikeln), wie sich Newton sicher war und auch schon die alten Griechen vor über 2500 Jahren. Sie bezeichneten diese kleinsten nicht mehr teilbaren Kügelchen als Atome. Und so begründeten die alten Griechen den sogenannten Materialismus, nach dem diese materielle *Ursubstanz*, diese unteilbaren Kügelchen, grundlegend für unsere Welt, für unser Universum sei. Und diese materialistische Sichtweise einschließlich Newtons Uhrwerk-Universum hallt bis heute nach.

Aber auch nach Newtons Entdeckungen ging es quasi Schlag auf Schlag weiter. Andere bahnbrechende naturwissenschaftliche Erkenntnisse veränderten den Lauf der Welt grundlegend, denken wir beispielsweise nur an die Elektrizität. So wurden ursprüngliche kirchliche Glaubensvorstellungen bzw. Religionen an sich mehr und mehr durch einen neuen Gott der *Wissenschaftsgläubigkeit* ersetzt. Und Philosophen hieben in die gleiche Kerbe, als Denker wie Karl Marx Religionen als *Opium fürs Volk* brandmarkten, die den Blick für das Wesentliche vernebelten und die Menschen in ihrem Kampf gegen Unterdrückung und Ausbeutung nur lähmten. So verfestigte sich immer stärker dieses mechanistisch-materialistische Weltbild, nach dem die Welt eben ausschließlich naturwissenschaftlich erklärbar ist, und Fragen, die noch nicht hinreichend beantwortet werden konnten, ohne Zweifel in Zukunft beantwortet werden können, sollten die notwendigen wissenschaftlichen Erkenntnisse vorliegen. Alle psychischen bzw. geistigen Prozesse von uns Menschen hängen somit auch alleine von einer materiellen, das heißt stofflichen Grundlage ab. Und genau deshalb muss nach dieser Weltsicht der Tod auch das absolute Ende markieren. Fragen nach einem tieferen spirituellen Sinn des Lebens, nach einem Jenseits oder die unterschiedlichsten Gottesvorstellungen würden einzig und allein einer tief verwurzelten Angst des Menschen vor dem endgültigen Tod entspringen.

Über Dinge, die man nicht gesehen hat, sollte man schweigen, so die Auffassung einer philosophischen Denkrichtung, die unter dem Begriff *Positivismus* bekannt wurde und mechanistisch-materialistisches Denken stützte. Ein solch positivistischer Blick auf die Welt richtet sich also lediglich auf das, was vor sich geht, was beobachtbar ist, also auf das Bild selbst, nicht auf das Negativ. Ganz salopp nach dem Motto: Ich hab mit dem Alltag genug zu tun, da brauche ich mir nicht auch noch Gedanken über ungelegte Eier zu machen. Verständlich ist das natürlich, aber bedeutet es doch im Umkehrschluss auch, dass alles, was naturwissenschaftlich nicht erklärbar ist, was nicht messbar, nicht eindeutig überprüfbar ist, nicht von Relevanz sein kann, ausgeblendet bleiben muss und in das Reich der Mystik, des Irrationalen, der

Metaphysik verbannt wird. Bestenfalls könnte man es vielleicht noch milde belächeln, keinesfalls aber ernst nehmen. Geist, Seele, ein Leben nach dem Tod, Sinn des Lebens, Gottesvorstellungen alles Illusionen von verklärten Phantasten, die sich naturwissenschaftlichen Erkenntnissen verschließen. Am Ende des 19. Jahrhunderts verstiegen sich maßgebliche Vertreter dieser Wissenschaftsdisziplin gar zu dem schon blasphemisch anmutenden Irrglauben, bald alle naturwissenschaftlichen Fragen geklärt zu haben, sprich die Welt verstanden zu haben und somit auch Gott überflüssig zu machen. Aus dieser Hybris heraus ist sicherlich auch der wohl gut gemeinte Ratschlag eines Physikprofessors und Freundes der Familie Max Plancks, dem späteren Physiknobelpreisträger, zu verstehen, dass *klein* Max auf keinen Fall Physik studieren solle, denn damit sei kein Blumentopf mehr zu gewinnen. Was für ein grandioser Irrtum! Und im Nachrichtenmagazin Der SPIEGEL (2) betonte ein Naturwissenschaftler von heute ganz im Geiste dieser doch eher nüchternen Weltsicht, *dass wir Menschen allein durch Zufall hier auf der Welt seien, weil Moleküle diesen erstaunlichen Weg von Bakterien zu Elefanten oder eben Menschen eingeschlagen hätten. Es gebe keine Regeln, wie*

Moleküle sich verhalten sollten. Es sei erstaunlich und großartig, dass wir hier sind, aber es stecke kein Sinn dahinter.

Ja, so einfach ist das. Wir kommen aus dem Nichts, leben hier auf der Welt unser *sinnloses* Leben und verschwinden dann auch wieder auf Nimmerwiedersehen in jenem ominösen Nichts. Irgendwie trübe!

Das wirklich Fatale an solchen Aussagen ist zweifelsohne, dass dieser sicherlich nicht dumme Naturwissenschaftler es so darstellt, dass der Laie glauben muss, es verhalte sich tatsächlich so, dass kein Sinn dahinterstecke. Fakt ist allerdings, dass die Naturwissenschaften keinesfalls in der Lage sind, solche Aussagen begründet treffen zu können. Es kann so sein, es muss aber nicht so sein. Es ist schlicht unseriös so etwas zu behaupten. Man kann Wirkzusammenhänge naturwissenschaftlich beschreiben, welche Moleküle beispielsweise bestimmte Zellen bilden, und welche Funktion sie dann haben oder dass die ökologische Funktion von Blüten darin besteht, Bestäuber wie Bienen anzulocken. Das kann sie, aber sie kann definitiv wissenschaftlich nicht belegen, dass wir Menschen rein zufällig, ohne jeden Sinn hier auf der Welt sind. Da würden die

Naturwissenschaften gehörig ihre Grenzen überschreiten. Das liegt einfach nicht in ihrer Kompetenz. Die Frage ist naturwissenschaftlich nicht zu beantworten. Punkt! Man kann sich höchstens einer Beantwortung annähern, was wohl am wahrscheinlichsten sein könnte. Mehr aber auch nicht!

In Anbetracht einer solchen doch sehr engen materialistischen Sinn- und Lebensdeutung frage ich mich, was denn dann bitte schön dies ganze Theater hier auf der Welt soll, wenn alles sinnlos und folgenlos wäre? Kann denn unser Dasein wirklich nur in etwas so Profanem liegen wie möglichst gut über die Runden zu kommen und mindestens einmal im Jahr nach Malle zu fliegen? Wie banal! Aber so ist es wohl. Nach diesem Weltbild gibt es keinen tieferen Sinn, muss der Tod das endgültige Ende markieren – Materie ist Grundlage des Geistes, Materie stirbt und damit auch der Geist. Und dann tschüss auf Nimmerwiedersehen! Diese Sichtweise erklärt auch, warum sich Geistes- und Naturwissenschaften immer weiter voneinander entfernten, quasi in zwei unterschiedlichen Universen kreisten, ohne jeden konstruktiven Austausch.

Schon merkwürdig das Ganze! So richtig nachvollziehen kann ich diese rigorose materialistische Sichtweise von der sinnlosen Endgültigkeit des Todes nicht. Wie kann man von etwas überzeugt sein, wenn die Faktenlage doch so dünn ist? Dass Bewusstsein allein durch das *materielle* Gehirn *erzeugt* wird, ist doch lediglich eine unbewiesene Hypothese. Und warum werden die so oft wirklich tiefsinnigen spirituellen Gedanken, Sichtweisen und Erkenntnisse unzähliger Menschen in der Menschheitsgeschichte, die nicht in dieses materialistische Weltbild passen, quasi der Bedeutungslosigkeit preisgegeben, warum werden jene Gedanken häufig genug nur als irrationale Phantasiebilder, als Ergüsse welt- und wirklichkeitsfremder Menschen gebrandmarkt? Warum sind vor jenem materialistischen Blick Religionen lediglich Trost spendende Beruhigungspillen für das nicht akzeptierte profane, endliche Leben, warum werden sie schlicht als nicht belegbare Wunschvorstellungen diffamiert? Warum sind materialistisch denkende Menschen von ihrer Sichtweise so überzeugt, obwohl es doch so viele Menschen auf der Welt gibt, die dieses so sachlich-seelenlose Weltbild nicht verstehen können? Ich verstehe es jedenfalls nicht und sehe es definitiv auch anders. Das Leben ist mehr als das, was uns dieses Weltbild weismachen will.

Der Tod ist nicht das Ende, sondern öffnet das Tor zu einer anderen Wirklichkeit. Diese viel zu kurz greifende materialistische Weltsicht muss endlich vom Sockel der Geschichte gestoßen werden, muss einem neuen Weltbild weichen, einem wahrhaft neuen Denken, das sicherlich in der Zukunft selbstverständlich sein wird. Oder glauben Sie immer noch, die Sonne dreht sich um die Erde? Um nicht missverstanden zu werden, dieses neue Denken bedient keine Wissenschaftsfeindlichkeit. Naturwissenschaftliche Erkenntnisse, richtig angewandt, sind absolut notwendig für eine positive Entwicklung der Menschheit. Was haben wir nicht alle (fast alle, muss ich der Fairness halber sagen) sehnsüchtig auf einen Corona-Impfstoff gewartet! Sie sollen daher nicht ersetzt, sondern ergänzt werden.

Glücklicherweise scheint aber doch so langsam ein wenig Bewegung in diese so zementiert wirkende materialistische Dogmatik zu kommen. Haben doch kritische Wissenschaftler aus verschiedenen Disziplinen ein *Manifest für eine postmaterialistische Wissenschaft* (3) mit der zentralen Botschaft verfasst, dass die gegenwärtige Sicht der Dinge *lediglich ein ziel- und sinnloses und mechanisch „totes" Leben vermittelt und daher die Wichtigkeit des*

Geistes und der Seele als Teil des Kernstoffes des Universums wiederentdeckt werden muss.

Das lässt hoffen und zielt in die richtige Richtung. Doch wo genau liegen nun die Gründe für dieses neue Denken, für dieses neue Weltbild? Was hat mich davon überzeugt, dass der endgültige Tod eine Illusion sein muss?

Sonntagabends Tatort schauen, fast schon ein Ritual. Kennen wir doch alle, diese Krimis mit den scheinbar immer wieder gleichen Abläufen: Irgendetwas Schlimmes passiert, die Polizei ermittelt und liegen keine eindeutigen Beweise vor, dann reicht mitunter auch eine solide Indizienlage aus, um den Täter festzunehmen und letztendlich auch zu verurteilen. Und in etwa so gehe ich auch vor. Ich ermittle quasi in Sachen *Leben nach dem Tod*. Beweise kann ich nicht liefern, aber stichhaltige Indizien, die belegen, dass der Tod nicht das Ende sein kann.

Vielleicht wird Sie das jetzt ein wenig verwundern, dass ausgerechnet eines dieser stichhaltigen Indizien die Naturwissenschaften selbst, namentlich die Physik, liefern.

Vor gut einhundert Jahren haben nämlich Physiker wie Max Planck, Werner Heisenberg, Niels Bohr oder Erwin Schrödinger, um nur einige bedeutende zu nennen, bahnbrechende Entdeckungen gemacht. Fast genau zu jener Zeit also, als man tatsächlich glaubte, bald alle naturwissenschaftlichen Fragen beantwortet zu haben. Der *Seelen-Totengräber* Naturwissenschaft liefert also so etwas wie einen passenden Schlüssel für dieses neue Weltbild. Und dieser Schlüssel liegt in der Quantenphysik verborgen, die damals das Licht der Welt erblickte. Was für eine Ironie des Schicksals!

Stopp! Bevor Sie jetzt verärgert das Buch zur Seite legen, weil Quantenphysik nun wirklich das Allerletzte ist, womit Sie sich befassen möchten, darf ich Sie beruhigen. Alles halb so wild. Man kann es verstehen, oder besser gesagt, erahnen, was sich hinter dieser magischen Quantenwelt verbirgt, ohne auch nur eine komplizierte mathematische Berechnung anstellen zu müssen. Versuchen wir also Stück für Stück in diese Quanten-Wunderwelt einzutauchen und Sie werden schnell verstehen, warum sie für dieses neue Weltbild so zwingend notwendig ist, vielmehr sogar Grundlage, Ausgangslage für spirituelles Denken schlechthin ist.

Die Welt ist seltsam - sogar viel seltsamer als man sich das vorzustellen vermag. Das Seltsamste dabei ist, dass

*die wahre Seltsamkeit uns fast vollständig verborgen
bleibt. Mehr noch: Diese Unzulänglichkeit täuscht uns
eine Normalität vor und tarnt die Tatsache, dass diese
Normalität die eigentliche Seltsamkeit ist. (4)*

Wir wissen, Menschen sind neugierig. Und
manchmal ist das sogar ganz segensreich, denn
unzählige wissenschaftliche Erkenntnisse haben
wir nur dieser Neugierde zu verdanken. Physiker
scheinen da ganz besonders neugierig zu sein,
wollen sie doch nicht mehr und nicht weniger als
die Natur, die Welt verstehen. Da sind sie wohl
wie Kinder. Auch ich habe mich als kleiner Junge
immer gefragt, warum der Stein, den ich ins Wasser werfe, sofort versinkt, tonnenschwere Eisen-
Schiffe aber auf dem Wasser schwimmen können? Und warum fällt das Limonadenglas auf den
Boden und zerschellt? Warum fällt es nicht nach
oben oder bremst kurz vor dem Aufprall einfach
ab und ich könnte die leckere Limonade dann
noch trinken? Und Mama würde auch nicht wieder so einen Aufstand machen, wenn sich das
klebrige Zeugs mitsamt der Glasscherben auf den
Wohnzimmerfliesen verteilt. Warum ist das alles
so und nicht anders? Bereits Newton hat das ja
bekanntlich schon keine Ruhe mehr gelassen.
Und eine weitere Frage schließt sich an: Woraus

besteht dies alles eigentlich, der Stein, die Schiffe, das Limonadenglas, das Buch, das Sie gerade in der Hand halten, oder auch das *Duplo-Steine-Kunstwerk*, das Ihnen klein Lisa gerade voller Stolz präsentieren möchte? Ja, klar, werden Sie denken, aus Materie natürlich! Das wissen wir doch. Richtig! Aber, woraus besteht diese Materie? Und wenn Sie klein Lisa dann für ihre überschäumende Kreativität ausgiebig gelobt haben, zerdeppert der kleine Schatz das gerade mühsam Erbaute wieder und alles zerlegt sich in seine Einzelteile, sprich Duplo-Steine. Lisas *Duplo-Steine-Kunstwerk* setzt sich wie das Buch, das Limonadenglas, wie alles auf der Welt, ja, wie alles im Universum aus Materie zusammen und Materie besteht aus Teilchen oder eben, um es plastischer auszudrücken, aus diesen Duplo-Steinen bzw. fachlich korrekt ausgedrückt aus Atomen. So einfach ist Physik! Und lange glaubte man dann auch, dass diese kleinen Duplo-Steine-Teilchen, unsere Atome, tatsächlich auch die kleinsten Teilchen wären, aus denen sich unsere sichtbare materielle Welt zusammensetzt. Doch ganz so einfach ist es nicht! Diese scheinbar so harten, unteilbaren Atome sind nämlich gar nicht die kleinsten Teilchen, sondern ein Atom setzt sich aus noch kleineren Teilchen zusammen. Aus Duplo-Steinen werden quasi Lego-Steine. Und diese noch kleineren Teilchen haben auch Namen. Vielleicht erinnern Sie sich noch dunkel an längst vergangene Physikstunden: Die heißen nämlich Elektronen, Protonen und Neutronen oder wieder plastischer ausgedrückt, rote, blaue und gelbe Lego-Steine. Und wenn man diese drei Teilchen, die Elektronen, Protonen und Neutronen, zu einer Einheit zusammenfügt, praktisch ein Paket daraus schnürt, so dachten damals die Physiker, dann könnte man sich so ein Atom quasi wie ein kleines Sonnensystem vorstellen. Atome sind ja so winzig klein, dass man sie mit bloßem Auge gar nicht sehen kann.

Folgende Abbildungen mögen dies noch einmal verdeutlichen:

Abb. 2

Elektronen umkreisen den aus Protonen und Neutronen bestehenden Atomkern

Abb. 3

Planeten umkreisen die Sonne

Stimmt! So ein Atom sieht ja wirklich so ähnlich aus wie unser Sonnensystem.

Ja, im Kleinen wie im Großen. Tja, wenn! Denn wäre es tatsächlich so, dann würde der Aufbau unserer Materie ganz einfach und leicht zu erklären sein: Alles, was wir als Materie wahrnehmen, setzt sich aus jenen kleinsten Teilchen, aus unseren roten, blauen und gelben Lego-Steinen, sprich aus unseren Atomen zusammen. Newton und die alten Griechen hätten also mit ihrer Meinung gar nicht so falsch gelegen. Und mit diesen Lego-Steinen lassen sich ja auch fraglos die dollsten Sachen bauen. Schauen wir nur in die Kinderzimmer unserer lieben Kleinen. Ihrer Fantasie scheinen keine Grenzen gesetzt zu sein.

Nur am Rande bemerkt, wenn unsere kleinen Lego-Künstler aus unzähligen Lego-Steinen ihre Phantasiewelten erschaffen, würden Sie dann auf die Idee kommen, dass das, was Sie da im Kinderzimmer bewundern können, auch ohne die gestaltende Kraft unserer Kinder, so ganz ohne ihr Zutun, rein zufällig entstanden sein könnte? Vielleicht weil das Fenster auf war und ein Luftzug die Lego-Steine so durcheinanderwirbelte, dass diese sich dann wie von Geisterhand zu jenen Lego-Welten zusammenfügten? Würden Sie das glauben oder eher Menschen, die so etwas behaupten, für nicht ganz klar im Kopf halten?

Aber genau diese sinnlose Zufälligkeit als ein wesentliches Grundprinzip evolutionärer Entwicklung unterstellt materialistisches Denken, dass sich eben genau so alles auf der Welt herausgebildet hätte, ohne irgendeine lenkende gestaltende Kraft, ohne einen übergeordneten, möglicherweise göttlichen Willen und ohne jede Zielgerichtetheit. *Es gebe halt keine Regeln, wie Moleküle sich verhalten sollten.* Und damit sind natürlich auch Sie und ich gemeint, als sinnlose zufällige Erscheinungen eines evolutionären Prozesses. Ein Mathematiker hat einmal diese Kuriosität, dass sich auch hochkomplexes Leben auf unserem Planeten so rein zufällig entwickelt haben könnte, an einem Beispiel verdeutlicht: Legen wir Münzen auf die Fläche von ganz Europa, sodass der gesamte Boden davon bedeckt ist. Dann legen wir auf jede Münze weitere Münzen so hoch, bis sie den Mond berühren und multiplizieren diese unfassbare Anzahl von Münzen mit einer Milliarde. Dann ziehen wir aus dieser schier unendlich großen Menge blind genau die einzige Münze heraus, die rot gefärbt ist. Und genau so groß ist die Wahrscheinlichkeit, dass sich unser Leben auch rein zufällig entwickelt haben könnte.

Da kann man schon ins Grübeln kommen. Aber vielleicht sind ja die Legowelten unserer Kleinen doch durch einen kräftigen Windstoß entstanden. Wer's glauben mag!

Um die Kuriosität dieser Zufälligkeit noch einmal auf die Spitze zu treiben: Wir Menschen bestehen natürlich auch aus Atomen und Atome verbinden sich mit anderen Atomen, so entstehen dann Moleküle, die wiederum die Grundlage bilden für Zellen als die kleinsten Lebensbausteine. Und wir Menschen bestehen aus ca. 100 Billionen Zellen, eine Eins mit vierzehn Nullen (100 000 000 000 000) und in jeder dieser Zellen ist unsere komplette DNA (unser Erbgut) enthalten (eine Zelle ist etwa 1/40 mm groß) und die DNA besteht aus sechsundvierzig Chromosomen auf denen dann ungefähr 30 000 Gene mit ca. drei Milliarden Basenpaaren liegen.

Kommen Sie noch mit? Ich auch nicht mehr. So gewaltig ist das alles. Und doch scheint dieses *Wunder* unseres Seins so manchen Physiker und auch Philosophen nicht wirklich zu wundern, glauben sie doch, dass es nicht nur ein Universum gebe, sondern unzählige und unter diesen unzähligen Universen müsse es eben auch eines geben, das diese Lebensbedingungen und somit auch dieses Leben auf unserem Planeten möglich macht. So ganz nach dem Motto, spiele ich x-mal Lotto, dann habe ich bestimmt auch einmal sechs Richtige. Und genau deshalb sei unsere Welt, unser Universum, so wie es ist, nun wirklich nicht des Wunders wert.

Na ja, Romantiker scheinen das ja nicht gerade zu sein, nüchterner geht es wohl kaum. Gut, wir befinden uns ja auch vornehmlich unter scheinbar besonders rational denkenden Naturwissenschaftlern. In der Philosophie ist dieses Phänomen unter dem Begriff *Fruchtbarkeitsprinzip* bekannt, wonach sich alles realisiert, was denkbar ist. Jede Art von Welt, von Universen gibt es. Danach dürfte es dann auch nicht verwundern, wenn es Welten mit rosafarbenen fliegenden Elefanten gäbe, die Quantenphysik betreiben. Also, alles, aber auch wirklich alles, was denkbar ist, realisiert sich.

Dann aber könnte es ja auch so etwas wie das absolute Nichts geben. Kaum vorstellbar, aber doch denkbar! Aber, was wäre dann? Wenn es das absolute Nichts gäbe, dann dürfte es doch tatsächlich nichts geben, weder Menschen, die merkwürdige Fragen stellen und Ansichten vertreten, noch rosafarbene Elefanten. Und was machen wir nun? Muss wohl irgendwo ein Denkfehler sein.

Der sogenannte Urknall vor ca. vierzehn Milliarden Jahren war ja quasi so etwas wie die Geburtsstunde unseres Universums und seitdem dehnt sich das Universum aus. Ähnlich wie ein Luftballon, den man aufbläst. Wenn nun aber die Geschwindigkeit dieser Ausdehnung direkt nach dem Urknall minimal geringer gewesen wäre, so wäre nie Leben, wie wir es kennen, möglich gewesen. Die Temperaturen wären nie unter 10 000 Grad gesungen. Wäre die Ausdehnung hingegen etwas schneller gewesen, so hätten sich nie Galaxien, Sonnensysteme und somit auch unsere Welt bilden können (5).
Schon ein bisschen komplexer dies alles als die Lego-Welten unserer lieben Kleinen. Und jetzt fragen Sie sich doch bitte noch einmal, ob das wirklich alles so rein zufällig entstanden sein könnte? Aber egal, sei es nun ein oder unzählige Universen, ein Wunder bleibt es auf alle Fälle. Denn allein der Gedanke, dass es so unendlich viele Universen geben könnte und dass sich eben auch ein solches herausbildet, was wir wahrnehmen, ist doch ebenso verwunderlich wie ein

alleiniges Universum. Vielleicht steckt hinter den unzähligen Universen ja sogar eine Absicht, weil sich dort nicht nur Welten mit rosafarbenen Elefanten herausbilden könnten, sondern auch solche mit erheblich angenehmeren Lebensbedingungen für ihre Bewohner. Eine Welt ohne Kriege, Krankheiten, Hass und Schmerz! Wäre das nicht phantastisch? Ohne Frage! Vielleicht ist es ja wirklich gewollt, ein oder viele Universen. Vielleicht steckt ja tatsächlich so etwas wie eine Absicht dahinter und nicht nur der schnöde Zufall. Doch welche? Und wer oder was hat sie erdacht? Wer oder was hat die Macht, etwas so Gewaltiges dann auch noch umzusetzen? Und sollte tatsächlich eine Absicht dahinterstecken, dann würde sich eine andere philosophische Kernfrage erübrigen, nämlich warum überhaupt etwas ist und nicht einfach nichts?

Aber zurück zu unseren Teilchen. Materie besteht aus Teilchen, das wissen wir jetzt. Dann ist unser Handy ja auch so etwas wie ein Teilchen, mal bildlich gesprochen. Nur als ein Teilchen alleine nützt es uns natürlich herzlich wenig. Wir wollen ja auch telefonieren, WhatsApps schreiben oder googeln, ob das auch alles stimmt, was ich Ihnen hier so erzähle. Und dann erhalten Sie auch noch eine lang ersehnte Nachricht aus Amerika, dass ihre Freundin morgen zurückfliegt.

Wie geht das nur? Ganz einfach, das funktioniert über Wellen, genauer über elektromagnetische Wellen. Die verteilen sich unsichtbar, nicht greifbar im Raum, sind also immateriell, aber funktionieren, wie man unschwer feststellen kann, fantastisch. Wenn dafür nicht überall Funkmasten rumstehen müssten. Dieser ganze Elektro-Smog! Aber, das ist ein anderes Thema.

Also, es gibt materielle Teilchen und immaterielle Wellen, Punkt! Mehr gibt es nicht. So war man sich lange in der etablierten klassischen Physik sicher. Doch dann passierte etwas Ungeheuerliches, schier Unfassbares, etwas, was die klassische physikalische Welt auf den Kopf stellte und die Geburtsstunde der Quantenphysik einläutete. Nunmehr schienen zwei plus zwei nicht mehr vier zu sein, sondern plötzlich **fünf.** Und warum?

Wir wissen, Atome bestehen aus Elektronen, Protonen und Neutronen, also aus unseren roten, blauen und gelben Legosteinen. Elektronen sind Elementarteilchen, sogenannte *Quantenobjekte.* Das sind Teilchen, die man nicht weiter in kleinere Teilchen aufdröseln kann. Lego-Steine sind also so etwas wie Elementarteilchen. Und im Rahmen eines physikalischen Experiments, dem berühmten *Doppelspalt-Experiment* (6), wurden genau diese Elektronen, diese Lego-Steine, dann plötzlich zu *Wellen* und dann auch wieder zu Teilchen. Ja, Sie lesen richtig! Legosteine verwandelten sich auf wundersame Weise in so etwas wie *Lego-Wellen,* geisterten materielos im Raum herum, um sich dann auch wieder in sichtbare Legosteine zu verwandeln. Wie bitte? Sind wir jetzt bei den Ehrlich-Brothers gelandet oder hatten die Physiker damals zu viel getrunken? Wie sollte so etwas möglich sein? Es widersprach jeder physikalischen Erkenntnis. Völlig verrückt, das Ganze! Aber dieses *Doppelspalt-Experiment* ist zigfach wiederholt worden mit den immer gleichen Ergebnissen. Und das funktioniert so: Feuert man Elektronen mit einer Art *Kanone* durch eine Wand mit zwei Spalte, so müssten sich ja eigentlich auf einem dahinter liegenden Beobachtungsschirm zwei Streifen abbilden, die anzeigen, wo die kleinen *Elektronen-Kügelchen* eingeschlagen sind. Die Kügelchen können ja logischerweise nur durch den einen **oder** den anderen Spalt fliegen und an der dahinter liegenden Wand aufprallen. Aber genau das tun sie **nicht**! Und das ist schon mehr als merkwürdig! Würden wir Tennisbälle durch diese zwei Spalte auf den Beobachtungsschirm schießen, dann würden die Abdrücke der Bälle eindeutig ein Streifenmuster erzeugen. Elektronen verhalten sich aber nicht immer so wie Tennisbälle, obwohl es doch eigentlich völlig egal sein müsste, wie groß oder auch klitzeklein die Teilchen sind. Bei Elektronen hingegen sehen wir etwas völlig anderes, Unerwartetes, ja eigentlich Unmögliches! Wir sehen nicht die zwei Streifen, sondern vielmehr ein Wellenmuster, ein sogenanntes *Interferenzmuster*.

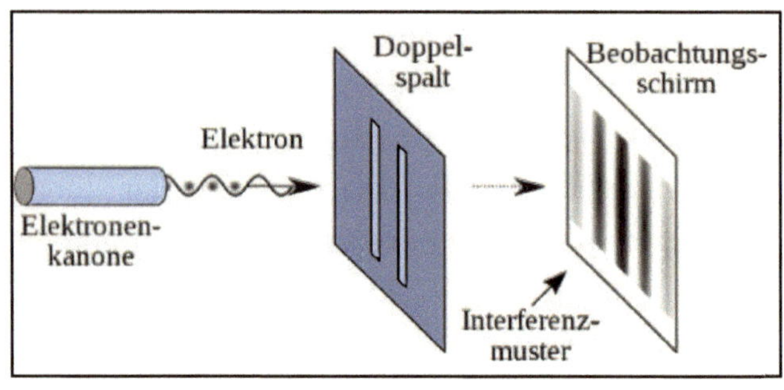

Abb. 4

*Elektronen fliegen durch die zwei Spalte und
erzeugen auf dem Beobachtungsschirm
ein Interferenzmuster*

So ein Wellenmuster kennen wir alle. Es entsteht beispielsweise auch dann, wenn wir Steine in das ruhige Wasser eines Teiches werfen. Die sich überlagernden Wellen erzeugen dann solch ein Muster. Würden wir die Steine auf den matschigen Rand des Teiches werfen, dann blieben sie lediglich im Matsch stecken. Nur, wir werfen ja keine Elektronen in das Wasser, die dann jene Wellen erzeugen, sondern unsere Elektronen müssen sich quasi in diese Wellen selbst verwandelt haben, sie spiegeln also das Wasser selbst wider. Und diese *Elektronen-Wellen* durchschweben dann **gleichzeitig** die zwei Spalte und erzeugen das Wellenmuster. Wären es, wie gesagt, keine

Wellen, sondern kleine *Elektronen-Kügelchen*, dann könnte sich definitiv nicht so ein Wellenmuster bilden. Auf dem Beobachtungsschirm wird dieses Muster dann durch eine Vielzahl aufblitzender Leuchtpunkte, unsere wieder *real* gewordenen Elektronen, sichtbar. Die *Elektronen-Wellen* haben sich also wieder in *Elektronen-Kügelchen* zurückverwandelt.

Kein Wunder, dass die Physiker damals absolut verwundert, geradezu verwirrt waren. Man glaubte Kügelchen abzufeuern, und dann so etwas.

Durchschweben unsere *Elektronen* die zwei Spalte *gleichzeitig,* so widerspricht das natürlich eklatant unserer Alltagsrealität. Versuchen Sie einmal einen Tennisball durch zwei Spalte gleichzeitig zu werfen. Völlig absurd! Für unsere Elektronen scheint das aber überhaupt kein Problem zu sein. Nur, können wir jetzt überhaupt noch von einem Teilchen reden oder doch eher von einer Welle, für die so etwas ja kein Problem ist? Teilchen können nicht an zwei Orten gleichzeitig sein. Quantenobjekte wie unsere Elektronen können es aber augenscheinlich doch. Und einen solchen Zustand, in dem quasi alles gleichzeitig möglich ist, bezeichnet man in der Quantenphysik als einen *Quantenzustand* oder auch *Superpositionszustand.*

Folgendes Beispiel mag diesen merkwürdigen Superpositionszustand noch einmal verdeutlichen:

Nehmen wir einmal an, wir würden die Herz-Bube-Karte eines Kartenspiels ausbalanciert hochkant aufstellen, dann würde sie in unserer Realität entweder nach links oder nach rechts fallen, wir sehen also die Vorder- oder die Rückseite der Spielkarte. Unser Tennisball fliegt also völlig korrekt durch den rechten oder linken Spalt. In der Quantenwelt bestehen jedoch, wie gesagt, alle Möglichkeiten gleichzeitig. Die Karte fällt **sowohl** nach rechts **als auch** nach links. Unser jetzt *Quanten-Tennisball* würde also gleichzeitig durch den rechten und den linken Spalt fliegen. Wenn wir in unserer Realität also beispielsweise die Vorderseite der Karte sehen, dann bedeutet das ja nicht, dass es die Option eines Sichtbarwerdens der Rückseite der Karte nicht geben würde. Nur diese Option wabert quasi weiter in der Quantenwelt herum. In unserer realen Welt gibt es immer ein eindeutiges *Entweder-oder*, ich sehe die Vorder- oder die Rückseite der Karte, und dieses für uns so Selbstverständliche wandelt sich in der

Quantenwelt in ein *Sowohl-als-auch.*

Ja, die Quantenwelt ist schon mehr als merkwürdig. Und das ließ natürlich auch den Physikern damals keine Ruhe mehr und deshalb haben sie einmal etwas genauer hingeschaut, was denn da so passiert. Sie haben Messgeräte angebracht, die aufzeigen sollten, wie sich die Elektronen genau verhalten, das heißt wie sie durch die zwei Spalte fliegen. Aber das Ergebnis war fast noch unheimlicher. Beobachteten sie nämlich das Verhalten der Elektronen, so wurden aus den Wellen wieder Teilchen. Das Wellenmuster verschwand und auf dem Beobachtungsschirm zeichneten sich die eigentlich erwarteten zwei Streifen ab. Nun liegt der Stein also tatsächlich im Matsch.

Sie können sich vielleicht ansatzweise vorstellen, wie verwirrt die Physiker nun waren. Grenzt es nicht fast schon an Hexerei? Doch die Ergebnisse waren eindeutig. Beobachteten sie den *Flug* der Elektronen nicht, so entstand ein Wellenmuster, beobachteten sie, waren es wieder die zwei Streifen. Dieses Phänomen bezeichnet man in der Welt der Physik als *Welle-Teilchen-Dualismus* und bildet die Grundlage der Quantenphysik.

Verwundert musste dann auch der Physiknobelpreisträger und Mitbegründer der Quantenphysik

Werner Heisenberg (1901 – 1976) einräumen, dass die Dinge erst real würden, Gestalt annähmen, wenn man sie beobachte.

Und was für unsere Elektronen gilt, gilt selbstverständlich auch für alle anderen Elementarteilchen, also für all das, was unsere sichtbare Materie ausmacht.

Heutige Versuche gehen noch sehr viel weiter, beziehen sich nicht mehr nur auf Elementarteilchen, wie folgendes Beispiel eindrucksvoll belegt:

Markus Arndt von der Universität Wien und sein Team haben im Labor stabile Moleküle aus fast 2000 Atomen erzeugt und durch ein zwei Meter langes Materiewellen-Interferometer geschickt, das für solche Experimente an der Universität Wien entwickelt wurde. Die Spezialatome aus dem Versuch bestehen aus 40.000 Protonen, Neutronen und Elektronen und erzeugten für sieben Millisekunden ein Interferenzmuster (7).

Und so bestätigt auch dieses Experiment einmal mehr, dass der bis zu jener Vor-Quanten-Zeit unumstößliche Grundsatz in der Physik, dass es **entweder** Teilchen **oder** Wellen gibt, seit der Quantenphysik definitiv nicht mehr stimmt. Aus Wellen werden Teilchen, *ein wirkliches Ding*, wie Heisenberg es formulierte, wenn wir sie beobachten bzw. messen. Und das bedeutet doch unmissverständlich, dass die *Grundbausteine* der Materie keine kleinen unteilbaren festen Kügelchen, keine Teilchen, keine Materie zum Anfassen, keine *grundlegenden Objekte*, also nichts Konkretes, nichts Dingliches sind, wie noch Newton und die alten Griechen fälschlicherweise annahmen, sondern ganz im Gegenteil so etwas wie immaterielle Wellen. Fast so wie Seifenblasen. Sehen wir diese zarten buntschimmernden Kugeln in der Luft schweben, so könnte man fast glauben, sie wären etwas Festes, Dauerhaftes. Und dann plopp, alles wie vom Erdboden verschwunden. Wo ist die Seifenblase jetzt, wo kam sie her? Das werden Sie sich jetzt verständlicherweise auch fragen, woraus denn dann diese merkwürdigen Dinge, diese Teilchen, real werden, wenn sie beobachtet werden? Es gibt ja keinen Ur-Sandkasten, aus dem wir die kleinen Sandkörner, unsere Teilchen, entnehmen könnten. Was ist also quasi da, bevor wir etwas beobachten, was sind das für ominöse Wellen, die erst durch *Beobachtung* real werden? Gute Frage! Wagen wir darauf eine Antwort, dann müssen wir Grenzen unserer Vorstellungskraft überschreiten. Denn ein quasi unbeobachtetes Teilchen, unser Elektron, kann man weder in Raum und Zeit lokalisieren noch hat es irgendwelche konkreten Eigenschaften wie Gewicht, Farbe oder Größe, es existiert einfach nicht so wie ein reales Teilchen, nicht so wie unser Lego-Stein im Kinderzimmer. Unsere Elektronen spuken quasi wie materielose *Geisterteilchen* in einer abstrakten Welt herum, in der weder Raum noch Zeit eine Rolle spielen, sie sind lediglich *als ein Feld von Möglichkeiten vorhanden*, wie Heisenberg es umschrieb.

Sie merken, wie praktisch unmöglich es ist, dies anschaulich, nachvollziehbar und vor allem auch verständlich beschreiben zu wollen. Es fehlen dafür einfach die passenden Worte, denn wenn etwas herumspukt, verdinglichen wir dieses Etwas ja schon wieder. Aber, da ist nichts Dingliches, da liegen keine Lego-Steine in einem dunklen Kinderzimmer auf dem Teppich, die mitunter höllische Schmerzen verursachen können, tritt man versehentlich mit nackten Füßen auf so ein Steinchen. Physikalisch ausgedrückt, behilft man sich für dieses Geisterhafte, nicht wirklich Vorhandene mit dem Fantasie-Begriff *Wahrscheinlichkeitswellen* oder *abstrakte* Wellen, die aus einem *einzigen allumfassenden Hintergrund von Möglichkeiten als Elektronen, Protonen, Neutronen … in Erscheinung treten*, so der 2017 verstorbene amerikanische

Physiker Shimon Malin (8). Diese *abstrakten* Wellen wabern quasi in einem grenzenlosen *Meer von Möglichkeiten* herum, bevor sie sich für uns durch *Beobachtung* zu erkennen geben, die Teilchen wie unser Elektron also sichtbar werden. Diese wundersamen ominösen Wellen, diese sichtbar werdenden *Geisterteilchen*, sind quasi so etwas wie *Schaumkronen* auf diesem grenzenlosen Meer von Möglichkeiten und diese für uns sichtbarwerdenden Schaumkronen bilden dann wundersamerweise all das ab, was wir als unsere Realität, unsere Welt, unser Leben wahrnehmen, sind also *die fundamentalen Bausteine des tatsächlichen physikalischen Universums,* so noch einmal Shimon Malin.

Da die *primäre Wirklichkeit* (jener allumfassende Hintergrund, jenes grenzenlose Meer) *an sich eine Ganzheit ist und da alles aus ihr hervorgegangen und ein Teil von ihr ist, liegt jedem Aspekt* (jeder Schaumkrone) *der empirischen Wirklichkeit* (unserer erfahrbaren realen Welt) ein Element der *primären Wirklichkeit an sich* zu Grunde. Die sichtbare Ordnung des Universums ist somit *Ausdruck einer noumenalen,* einer geistigen, nicht erfahrbaren *Quantenwirklichkeit,* so umschreibt es Lothar Schäfer, Professor für Physikalische Chemie an der Universität von Arkansas (9). Ist also Ausdruck jenes, wie ich es nenne, grenzenlosen Meeres. Und David Bohm (1917 – 1992), ebenfalls ein bedeutender Quantenphysiker, bezeichnet diese *primäre Wirklichkeit*, dieses grenzenlose Meer, als *implizite Ordnung*, aus der sich die *explizite Ordnung* (unsere erfahrbare Welt) quasi herausfaltet (10).

Der 2014 verstorbene Physiker und Träger des *Alternativen Nobelpreises* Hans-Peter Dürr (11), langjähriger Mitarbeiter Heisenbergs, merkte daher auch völlig zu Recht an, dass damit die Naturwissenschaften letztendlich in einer ähnlich *beschränkten Lage* seien *wie die Religionen*, auch sie könnten von der *größeren Wirklichkeit* (primären Wirklichkeit) nur *in Gleichnissen* sprechen.

Vielleicht vermag folgende kleine Episode dies schier Unfassbare noch einmal etwas deutlicher zu umreißen: Sie planen Ihren nächsten Sommerurlaub. Gedanken und Wunschvorstellungen kreisen in Ihrem Kopf. Soll es wieder Mallorca sein oder vielleicht doch eine Kreuzfahrt, die Berge oder gar der große Tripp nach Australien? All diese Urlaubsoptionen spiegeln quasi Wahrscheinlichkeitswellen wider auf diesem grenzenlosen Meer der Möglichkeiten. Dann entscheiden Sie doch wieder für Malle und wenn Sie dann am Strand einen Cocktail genießen, hat sich unsere

Wahrscheinlichkeitswelle zu einer Schaumkrone entwickelt, ist sichtbar geworden, hat sich für uns als die Insel Mallorca realisiert. Endlich finden Sie auch Zeit, ein Buch zu lesen, das seit Weihnachten nur darauf wartet, von Ihnen verschlungen zu werden. Schon bald sind Sie ganz versunken in der spannenden Geschichte. Bilder von Personen und Orten tauchen vor Ihrem geistigen Auge auf, Sie leben in dieser anderen Welt. Doch dann verspüren Sie den Wunsch auf einen weiteren Cocktail. Widerstrebend legen Sie das Buch zur Seite und gehen an die Strandbar. Sie erstarren, das kann doch nicht wahr sein! Vor Ihnen in der Schlange steht genau die Person aus Ihrem Roman, die Sie sich gerade eben noch so bildhaft vorgestellt haben. Sie sprechen die Person an und er stellt sich mit Namen der Romanfigur vor. Hätten Sie schon einen Cocktail in der Hand, er wäre zu Boden gefallen. Verstört nehmen Sie erst einmal ein Bad im Meer.

Fiktion, Realität oder beides? Was passiert hier? Das ist ja geradezu so, als würde ein Märchen Wirklichkeit, ein Teil unserer Wirklichkeit werden. Schaumkronen (*Dinge*) werden erst *real*, wenn wir sie *beobachten*.

Und diese sichtbar werdenden Schaumkronen legen doch tatsächlich den Schluss nahe, dass nichts wirklich voneinander getrennt ist, tatsächlich alles mit allem zusammenhängt. All die unzähligen Schaumkronen sind doch lediglich die Spitzen jenes grenzenlosen Meeres, eines grenzenlosen Ganzen. Keine Schaumkrone kann für sich alleine stehen und wir sind mittendrin, in der Realität, im Märchen.

Dieses Gefühl, diese Ahnung eines Einsseins mit allem, ist keineswegs neu, sondern Gedanke vieler Philosophien, Religionen und Naturauffassungen. So ist es die Kontemplation im Christentum, der Sufismus im Islam oder auch Zen im Buddhismus, alles Wege, um die letzte Wirklichkeit, jene Allverbundenheit eines grenzenlosen Meeres zu erfahren. Und auch der deutsche Philosoph F.W.J. Schelling (1775 – 1854) erkannte schon lange vor der Quantenphysik das *Wesen des Ichs* in der *Natur*. *Natur und Ich* bilden quasi einen Organismus, in dem stets das Ganze im Teil und das Teil im Ganzen enthalten ist.

Aber können wir das nicht selbst auch spüren, dieses Einssein mit allem, wenn wir offen sind, uns darauf einlassen, es zulassen? Vielleicht so wie Menschen, die das nicht nur spüren, sondern auch leben? So steht für die Aborigines in Australien die Idee *eins zu sein mit dem Land, mit der ganzen Erde* im Mittelpunkt ihrer Weltanschauung. Gerade indigene Völker leben wohl noch diese Allverbundenheit. Nur wir westlich-materialistisch geprägten Menschen, wir denken immer noch allzu oft in diesen quadratisch praktischen Teilen, in diesen *Ritter-Sport-Quadraten,* wo das eine (Vollmilch) scheinbar nichts mit dem anderen (Zartbitter) zu tun hat. Wir glauben immer noch, dass man das eine manipulieren könnte, ohne dass es Einfluss auf das andere nähme. Denken wir nur an unsere Landwirtschaft als warnendes Beispiel: Wir düngen und spritzen Gifte auf die Felder, dass es nur so kracht, und wenn dann plötzlich die Insekten sterben, dann reiben wir uns noch verwundert die Augen. Nur, ohne Insekten können wir nicht überleben. Wissen wir das nicht? Wir fahren und fliegen schamlos um die Welt, obwohl der Klimawandel nicht mehr wegzudiskutieren ist. Wir machen einfach immer irgendwie so weiter. Es muss anscheinend immer erst etwas ganz Schlimmes passieren, um unser Handeln nachhaltig zu verändern. Dächten und handelten wir ganzheitlich, so könnten viele

Fehlentwicklungen im Keime erstickt werden. Schön wäre es!

Aber zurück zu unseren Teilchen. Sie werden sich wahrscheinlich auch fragen, warum wir überhaupt diese Teilchen, unsere Schaumkronen, wahrnehmen können, nur weil wir sie beobachten?

Versuchen wir auch hier einmal etwas Licht ins Dunkle zu bringen. Bevor das Teilchen für uns real wird, *wabert* es ja quasi irgendwo in jener abstrakten Quantenwelt, in jenem grenzenlosen Meer, materielos als Wahrscheinlichkeitswelle, als Möglichkeit, herum. Das Teilchen befindet sich, wie wir wissen, in einem *Superpositions- bzw. Quantenzustand*. Und bei einer Beobachtung, Messung bzw. schon durch **kleinste** Wechselwirkungen mit der Umwelt, so eine quantenphysikalische Erklärung, wird dieser *Quantenzustand* quasi *gestört*, die Welle bricht sozusagen zusammen, sie kollabiert bzw. ein *kohärenter* (zusammenhängender wellenartiger) *Quantenzustand* wird *unterdrückt* und das Teilchen, unsere Schaumkrone, wird sichtbar. Wir pusten quasi in einen Seifenblasenring und erzeugen so die schönsten Seifenblasen. Pusten wir nicht, wird auch nichts gestört, und es gibt keine Seifenblasen.

Und warum erscheint uns Materie dann als so fest? Warum fühlt sich die Schranktür so hart an, wenn ich mir den Kopf daran stoße? Im Grunde sind es doch diese immateriellen Wahrscheinlichkeitswellen? Auch wieder eine so schwierige, fast schon mystische Frage. Physikalisch versucht man es dadurch zu erklären, dass Wahrscheinlichkeitswellen aufgrund unzähliger Wechselwirkungen mit der Umwelt quasi immerzu *gestört* werden und dieser fortlaufende Prozess gaukelt uns dann feste Materie vor. In etwa so wie ein Film, der aus vielen getrennten Einzelbildern besteht. Laufen diese Einzelbilder dann in schneller Folge ab, so erzeugt dies die Illusion einer kontinuierlichen Handlung. Scheinbar jagt James Bond tatsächlich den Bösewicht. Nur mit dem Unterschied, dass es in der Quantenwelt diese realen Einzelbilder eben nicht gibt, sondern nur jene Wahrscheinlichkeitswellen, die wir dann als konkrete Einzelbilder (Teilchen/Schaumkronen) wahrnehmen können. Das Buch, das sie gerade in der Hand halten, erscheint Ihnen daher auch nur als feste Materie, weil die unzähligen Wahrscheinlichkeitswellen, aus denen das Buch *besteht*, durch die Umwelt permanent *gestört* werden. Eine brennende Kerze wird sozusagen durch jeden auch noch so geringen Lufthauch zum Flackern gebracht. Wir pusten quasi ständig in den Seifenblasenring.

Kaum vorstellbar, dies alles! Und doch ist es so. Das Buch in Ihren Händen, Autos, Häuser, Beton, Eisen, wir Menschen, die ganze Welt, das ganze Universum erscheint uns nur wie stofflich feste Materie. Doch die Wahrheit ist eine andere. Die Grundstruktur der Materie sind definitiv keine kleinen harten Kügelchen, keine Lego-Steine, sondern eben jene immateriellen abstrakten Wahrscheinlichkeitswellen, die für uns sichtbar werdenden Schaumkronen eines grenzenlosen Meeres. Mich verwundert es von daher nicht, warum Niels Bohr (1885 – 1962), bedeutender Mitbegründer der Quantenphysik, erschrocken feststellte, dass derjenige, der von der Quantenphysik nicht schockiert sei, sie nicht verstanden habe. Wie recht er doch hatte!

Fassen wir dieses so Wundersame und Unglaubliche noch einmal kurz zusammen. Bei unserem Doppelspalt-Experiment feuert die Elektronenkanone Elektronen ab, die sich zu jenen abstrakten Wahrscheinlichkeitswellen *wandeln*, wenn sie *unbeeinflusst/unbeobachtet* sind, also **nicht** mit der Umwelt wechselwirken. Sie *durchschweben* die zwei

Spalte und erzeugen das Interferenzmuster, das sich auf dem Beobachtungsschirm durch wieder aufblitzende Elektronen abzeichnet. Die Elektronenkanone und der Schirm spiegeln in diesem Prozess ebenso wie die Messinstrumente bei einer Beobachtung die Umwelt wider, mit denen die Wahrscheinlichkeitswellen wechselwirken, und somit sichtbar werden. Und ein *allumfassender Hintergrund*, jenes grenzenlose Meer – *eine tieferliegende Kontinuität*, wie es heutige Physiker etwas nüchterner ausdrücken (12) – bildet dabei so etwas wie eine *Ur-Wirklichkeit* ab, aus der sich all das herausbildet, was wir als Schaumkronen, als Einzelbilder, als Elektronen, als unsere Welt, als unser gesamtes Universum wahrnehmen, und uns glauben macht, unsere reale Welt wäre auch die grundlegende einzige Wirklichkeit. Führt man sich das alles noch einmal in Ruhe vor Augen, dann kann man in der Tat nur staunen oder auch schockiert sein.

Feuert die Elektronenkanone Elektronen auf den Beobachtungsschirm, so ist es nicht möglich vorherzusagen, wo genau ein Elektron auf dem Schirm aufblitzt, links, rechts, oben, unten, es ist reiner Zufall. Bevor das Elektron sichtbar wird, befindet es sich ja in besagtem *Superpositions- bzw.*

Quantenzustand. Es ist aber möglich zu berechnen, wo unsere Elektronen am wahrscheinlichsten sichtbar werden. Dies verdanken wir den Physiknobelpreisträgern Erwin Schrödinger (1887 – 1961) und Max Born (1882 – 1970), die dafür die Grundlagen legten. Wir können also berechnen, an welchen Orten A, B, C usw. Elektronen auf dem Beobachtungsschirm am wahrscheinlichsten aufblitzen, die Schaumkronen sichtbar werden und im Endergebnis jenes Wellenmuster bilden. Warum wir ein Elektron dann an Ort A wahrnehmen und nicht etwa an den Orten B oder C, dies ist wie gesagt reiner Zufall. *Die Natur* treffe *eine Auswahl,* so Paul Dirac (1902 – 1984), ebenfalls Physiknobelpreisträger. Dies widerspricht natürlich auch einmal mehr wieder unserer wahrgenommenen Alltagsrealität: Mein Auto (Teilchen) steht an einem genau definierten Ort in Dortmund (Ort A) und wabert nicht als Wahrscheinlichkeitswelle herum und steht dann auch noch zufällig in Bochum (Ort B), obwohl ich es doch in Dortmund abgestellt habe. Aber, wir befinden uns ja auch nicht in der Alltagswelt, sondern in der Quantenwelt, in einem Sowohl-als auch. So weit, so gut! Das Auto steht also jetzt in Bochum und nicht in Dortmund. Und bei unserer

Spielkarte sehen wir die Vorderseite und nicht die Rückseite. Wahrscheinlichkeitswellen wechselwirken mit der Umwelt und wir sehen eine mögliche Option. Die Natur treffe halt eine Auswahl, wie Dirac meint. Bochum scheint also schöner zu sein als Dortmund! Wo sind nun aber die anderen Optionen, existiert Dortmund nicht mehr oder realisieren sich diese anderen Optionen womöglich ganz woanders, vielleicht sogar in Parallelwelten, die gleichzeitig neben unserer Welt existieren? Ach, hatten wir das nicht schon einmal, diese vielen Welten/Universen? Eine solche Möglichkeit wird auch in der Quantenphysik unter dem Begriff *Viele-Welten-Theorie* ernsthaft diskutiert. Nach dieser Theorie, die auf den amerikanischen Physiker Hugh Everett III (1930 – 1982) zurückgeht, spaltet ein Messvorgang die Quantenwelt quasi in voneinander unabhängige Bereiche, d. h. alle möglichen Messresultate realisieren sich in parallelen Universen. In unserem Fall steht das Auto dann in Bochum, und diese Stadt befindet sich in Universum A, gleichzeitig steht das Auto auch in Dortmund, und diese Stadt befindet sich in Universum B. Verrückt, oder? Aber es ist ernsthafte Physik und nicht Raumschiff Enterprise.

Und in welchem Universum leben wir dann? Warum steht für uns das Auto in Bochum, sehen wir die Vorderseite der Spielkarte? Dies sind doch alles nur Optionen! Realisierte Möglichkeiten! Warum aber nehmen wir diese Option wahr? Warum sehen wir also die Welt so, wie sie uns erscheint, und nicht ganz anders? Quantenphysikalisch wären doch eigentlich alle Optionen möglich?

Aber dieses grundlegende größte Rätsel ist nach wie vor nicht gelöst. Man weiß noch nicht einmal, warum man überhaupt definite Ergebnisse sieht und nicht einfach ein großes Wirrwarr. Deutlich wird nur einmal mehr, dass unsere Realität halt kein festgezurrtes Endprodukt einer großen Menge von Legosteinen ist.

Beruhigend dabei ist allerdings, dass wir Menschen nicht alle Optionen einer möglichen Wirklichkeit gleichzeitig sehen können. Wäre ja auch ein schönes Durcheinander. Wie sollte das auch im Alltag funktionieren? Muss der liebe Gott wohl alles richtig gemacht haben.

Aber ist es nicht geradezu wundersam und so völlig außerhalb unseres Vorstellungsvermögens, dass die von uns wahrgenommene materielle Welt, unsere Realität (die Vorderseite der Karte, unser Auto in Bochum), nur eine von uns wahrgenommene Erscheinung ist?

Und doch ist es so. Unsere Wirklichkeit ist nicht **die** Wirklichkeit. Die Realität, die wir als unsere Wirklichkeit und Wahrheit ansehen, ist eine für uns sichtbar gewordene Option aus dem grenzenlosen Meer der Möglichkeiten, aus dieser so wundersamen *Ur-Wirklichkeit*.

Ich glaube, die meisten Menschen werden sich wohl eher weniger Gedanken darüber machen, ob unsere reale Welt, so wie sie uns erscheint, tatsächlich auch die einzig mögliche Wirklichkeit ist. Aber, wussten Sie, dass der berühmte Philosoph Immanuel Kant (1724 – 1804) dieses Unvermögen, die *letzten* Dinge, jene *Ur-Wirklichkeit*, das *Ding an sich*, wie er es nannte, erkennen zu können, schon quasi vorausgedacht hat, ohne dass er auch nur die geringste Ahnung von Quantenphysik hatte?

Nach Kant haben wir Menschen so etwas wie eine Erkenntnisbrille auf, durch die wir unsere Wirklichkeit quasi filtern. Und diese philosophische Erkenntnis war in der Tat bahnbrechend. Heute würden wir es als eine echte Innovation bezeichnen. Tatsächlich neu war nämlich seine Erkenntnis, dass das Subjekt das Objekt bestimmt! Das Subjekt, wir Menschen, erkennen und deuten das Objekt, unsere Umwelt. Ich sehe einen Baum, der Blätter verliert, und ich weiß, der Herbst kommt. Aber was soll daran nun neu oder gar bahnbrechend sein? Eigentlich doch nichts! Und doch verbirgt sich hinter dieser eher banalen Schlussfolgerung etwas ganz Wesentliches. Es geht nämlich genau darum, wie die Vernunft unsere Erkenntnis mitprägt. Kant erkannte als erster, dass wir Sinneswahrnehmungen grundsätzlich nach einem bestimmten Muster verarbeiten. Und dieses Verarbeiten leistet unser vernunftgeleiteter Verstand ausschließlich immer unter den Bedingungen, dass sich zum einen alles in Raum und Zeit abspielt und zum anderen das Kausalprinzip gilt, also, dass alles, was passiert, auch einen Grund hat. Aus Erfahrung wissen wir, dass im Herbst Bäume ihre Blätter verlieren. Und dies kann man biologisch auch begründen: Die Bäume verlieren spätestens im Oktober ihre Blätter, weil sie sich auf den bevorstehenden Winter vorbereiten. Diese uns Menschen so griffig und unwiderlegbar erscheinenden Kriterien der Erkenntnisgewinnung sind allerdings nach Kant immer auch unsere *Wahrnehmungsbegrenzungen*, quasi unsere Brille, wie wir die Welt sehen und verstehen können. Dies bedeutet im Umkehrschluss natürlich auch, dass das, was wir durch unsere *Erkenntnisbrille* erfassen können, was wir also durch unser spezielles menschliches Bewusstsein erkennen, nicht unbedingt auch die einzig richtige und wahre Erkenntnis sein muss. Wir sehen es durch unsere Brille. Hätte sie rote Gläser, sähen wir die Welt rot und grüne Gläser ließen die Welt halt grün erscheinen. Vor Kants *Geniestreich* glaubte man, die Welt wäre wirklich so, wie sie uns erscheint, wäre ein Abbild unserer Wahrnehmung. Dass wir aber dieses Abbild quasi mitkonstruieren, darauf muss man erst einmal kommen.

Ist der Himmel eigentlich tatsächlich blau? Licht besteht aus Wellen mit verschiedener Länge. Diese Wellen selbst sind nicht farbig, wenn sie aber auf unsere Netzhaut im Auge fallen, rufen sie im Sehsystem einen bestimmten Farbeindruck hervor. Die kurzen Wellen nehmen wir als blau wahr, die langen Wellen als rot. Weißes Licht ist eine Kombination sämtlicher Wellenlängen von ganz kurz bis ganz lang. Wir selbst erzeugen also die Farbe Blau. Wir erschaffen uns unsere eigene farbige Welt. Und da alles durch unser menschliches Bewusstsein quasi gefiltert wird, könnte natürlich auch alles völlig anders sein, nur wir erkennen es nicht. Vielleicht verliert der Baum ja gar nicht im Herbst seine Blätter, ist der Baum gar kein Baum und blau ist der Himmel schon gar nicht. Wären wir Menschen andere *Subjekte*, dann sähen wir garantiert auch andere Varianten von *Objekten*. Aber auch jene wären dann lediglich wieder nur *subjektive* Wahrnehmungen, eben aufgrund unserer *eingebauten* selektiven Wahrnehmungsmöglichkeiten. Das *Ding an sich*, diese absolute letzte *Ur-Wirklichkeit*, könne man von daher mit unserem menschlichen *Instrumentarium* nicht mit letzter Sicherheit erkennen. Und damit hatte Kant sicherlich auch recht!

Was vermag das Zwergkaninchen in Castrop-Rauxel von Seinesgleichen in New York zu wissen? Richtig, das Zwergkaninchen wird wohl keinen blassen Schimmer davon haben, aber die Quantenphysik öffnet uns Menschen zumindest ein Stückchen die Augen für eine Welt hinter der Welt, für jenes grenzenlose Meer, für jene *Ur-Wirklichkeit*.

Unsere Welt besteht aus Materie, Materie besteht aus Atomen, Atome bestehen aus Teilchen und diese Teilchen realisieren sich für uns aus Wahrscheinlichkeitswellen, die in jenem grenzenlosen

Meer von Möglichkeiten wabern. So weit, so gut! Und jetzt kommen wir quasi zum größten, zum ultimativen Rätsel!

Woher wissen eigentlich diese unendlich vielen Schaumkronen, diese von uns wahrgenommenen Teilchen aus jenem grenzenlosen Meer, wie sie sich zusammenfügen müssen, dass dabei etwas so Gigantisches wie unsere Welt, unser hochkomplexes Leben herauskommt?

Nehmen wir wieder unsere roten, gelben und blauen Lego-Steine, unsere Teilchen als die Grundbausteine der Materie, und schütten davon eine große Anzahl auf den Teppich eines Kinderzimmers. Was glauben Sie, wie lange würde es wohl dauern, bis aus diesen Steinen etwas Vorzeigbares entsteht, ohne dass unsere Kinder ans Werk gehen und daraus neue Lego-Welten entstehen lassen? Dumme Frage, hatten wir doch schon! Wollte nur noch einmal an die Kuriosität des Zufälligen im materialistischen Weltbild erinnern.

Wer oder was steuert also diesen Prozess der Möglichkeiten? Woher wissen die Teilchen, also unsere Lego-Steine, wie sie sich zu Atomen zusammensetzen müssen? Ein Wasserstoffatom beispielsweise besteht immer aus einem Elektron (roter Lego-Stein) und einem Proton (gelber Lego-Stein), ein Sauerstoffatom aus acht Elektronen, acht Protonen und ebenso vielen Neutronen (blaue Lego-Steine) und so fort. Können wir alles dem Periodensystem der Elemente entnehmen, dort sind alle unterschiedlichen Atome aufgelistet. Und dann geht es ja auch munter weiter: Atome setzen sich zu Molekülen zusammen und diese Moleküle bilden dann Stoffe (Proteine, Fette, Ballaststoffe usw.) und auch Zellen als die Grundbausteine des Lebens und all das zusammengemixt ergibt dann uns Menschen, unsere Welt, unser Universum. Ist das nicht einfach nur grandios?

Der amerikanische Physiknobelpreisträger Richard P. Feynman bezeichnete das Verhalten der Teilchen, der Atome, wie sie zueinander finden, als *merkwürdig!* Atome seien *sehr eigen*, sie *mögen ganz bestimmte Partner,* andere jedoch *nicht* (13). Ist ja fast so wie bei uns Menschen, könnte man süffisant anmerken. Aber was vermag sich dahinter nur zu verbergen, warum ist das so? Warum sind die Teilchen, die Atome, so wählerisch? Dumme Frage! Wären sie es nicht, dann hätte sich ja auch nicht unsere Welt herausgebildet. Oder haben Sie schon einmal einen Kuchenteig aus Mehl, Salz, Fleisch und Kieselsteinen zusammengemixt? Na dann, guten Appetit!

Wer oder was steuert also diesen gigantischen wundersamen Prozess? Diese Fragen sind natürlich nur dann berechtigt, wenn es einem zumindest schwerfällt zu glauben, dass alles einem evolutionären Zufallsprinzip gehorcht, ohne jede Option eines Absichtsvollen. Gehen wir also nicht von dieser Möglichkeit aus, dann zeigt sich darin doch erst das ganze Wunder unseres Seins, und das lässt mich einmal mehr wieder nur demütig staunen. Für den genialen Physiker Albert Einstein gab es deshalb auch nur zwei Möglichkeiten zu leben: Entweder ich wundere mich über alles oder eben über nichts. Offenbar scheint diese Wahlmöglichkeit aber nicht allzu viele Menschen zu interessieren. Scheinen die meisten doch mit einer fast schon als gleichgültig zu bezeichnenden Selbstverständlichkeit durchs Leben zu gehen, ohne auch nur Nuancen eines Wunderns oder Staunens über all das hier auf der Welt zu zeigen. Aber, man schaut den Menschen ja auch nur vor den Kopf.

Der österreichische Quantenphysiker Anton Zeilinger, der im Jahr 2022 den Physiknobelpreis erhalten hat (Warum? Sag ich Ihnen gleich!), genau der hat in seinem Buch *Einsteins Spuk* (14) sehr verständlich dargelegt, warum die Information, wie sich die Grundbausteine, unsere Lego-Steine, organisieren, sprich zusammensetzen müssen, die maßgebliche Grundlage, der *Urstoff des Universums* sein muss. Und das bedeutet im Klartext: Ohne Informationen, also ohne Bauanleitung, läuft gar nichts! Uns Menschen, unsere Welt, unser Universum könnte es ohne diesen *Urstoff* gar nicht geben. Der Legohaufen auf dem Teppich bliebe also genau der Legohaufen bis zum Ende aller Tage. Und jeder, der schon einmal einen hochkomplexen LEGO-Technic-Bausatz mit den lieben Kleinen zusammengebaut hat, weiß, wie unmöglich das ohne eine detaillierte Anleitung ist. Und dass Kieselsteine im Kuchenteig nun wirklich nichts zu suchen haben, dürfte wohl auch unbestritten sein.

Der US-amerikanische Physiker Archibald Wheeler hat für diese Art von Informationen eine griffige Formulierung gefunden:

it from bit

Informationen (bit) liefern also die notwendige Grundlage, sind also der *Urstoff* dafür, dass etwas existiert (it).

Erzeugen unsere Elektronen beim Doppelspalt-Experiment auf dem Beobachtungsschirm jenes Interferenzmuster, wissen wir nicht, wo genau ein einzelnes Elektron auf dem Schirm aufblitzt, dies geschieht rein zufällig und doch bildet sich nach und nach ein komplexes Wellenmuster ab, ganz so, als hätten sich die Elektronen *abgesprochen*. Jedoch Absprachen ohne Informationen, wie etwas ablaufen soll, würden zu nichts führen, höchstens zu Chaos oder Kieselsteinen im Kuchenteig.

Zur Verdeutlichung noch eine kleine Illustration: Ein Elektron, nennen wir es Marie, wird geboren, realisiert sich also aus jenem grenzenlosen Meer. Marie fühlt sich einsam und sucht sich einen Gefährten. Und das ist Lars, ein Proton. Lars und Marie bilden nun ein Paar mit einem gemeinsamen Namen, sie nennen sich fortan Wasserstoffatom. Und wie wir wissen, kommt da keiner mehr zwischen. Kein zweites Elektron, die Lena zum Beispiel, kann mit Lars anbändeln, denn dann wäre es ja kein Wasserstoffatom mehr. Die beiden suchen sich nun Freunde und schließen Freundschaft mit anderen Atomen und bilden gemeinsam ein Molekül, sie bilden quasi eine kleine Gemeinde. Diese Gemeinde, dieses Molekül, schließt sich wiederum mit ganz bestimmten anderen Molekülen zusammen und bilden gemeinsam eine Stadt, zum Beispiel Dortmund. Und dieser Prozess setzt sich immer weiter fort. So entstehen dann ein Land, ein Kontinent, unsere Welt und letztlich auch unser ganzes phantastisches Universum. Marie, Lars und natürlich auch alle anderen müssen also genau wissen, mit wem sie sich da zusammenschließen, damit dabei etwas Sinnvolles herauskommt. Sie müssen also so etwas wie ein Bewusstsein haben. Würden sie sich wahllos, ziellos, *bewusstlos* zusammenschließen, dann würde das sicherlich nur zu unappetitlichen Kieselsteinen im Kuchenteig führen. Und warum verhalten sich Elementarteilchen wie unsere Elektronen so? Wer oder was steuert also diesen *bewussten* Prozess? Gute Frage! Fakt ist auf alle Fälle, dass man keine physikalische Kraft kennt, die ein solches Verhalten der Elektronen erzwingen würde. Theoretisch könnten sich ja ganz einfach auch Elektronen zu gleich vielen Protonen gesellen, ohne jede Spezifizierung und dann hätten wir den Salat oder eben Kieselsteine im Kuchenteig.

Ein Elektron und ein Proton *bilden* ein Wasserstoffatom. Fertig! Da kommt keiner mehr zwischen. Die Stellen in diesem Atom sind sozusagen besetzt. Und dieses Besetztsein zeugt von einer *geistigen Kraft,* die quasi alles im Griff hat. Denn wäre es nicht so, dann gäbe es dieses spezifische Periodensystem der Elemente nicht als Grundlage für alles, was wir als unsere Welt wahrnehmen. Teilchen führen also gewissermaßen einen Bauplan aus, der nicht anders als auf zielführenden Informationen beruhen muss, und dieser Bauplan für unsere Welt, für das ganze Universum muss jenem grenzenlosen Meer entspringen.

Übrigens eine philosophische Denkrichtung, der sogenannte Panpsychismus, unterstreicht genau dies, dass nämlich allen physischen Objekten auch geistige Eigenschaften (Bewusstsein) innewohnen – Bewusstsein durchdringt die gesamte Realität.

Nicht nur die Indianer wussten also schon, dass in allem Geist ist, in jedem Baum, in jedem Strauch …. Aber eben, wie wir gesehen haben, nicht nur die Indianer, sondern auch unsere Elementarteilchen. Und auch beim Doppelspaltexperiment finden sich die Elektronen ja fast so wie in einem Orchester zusammen und bilden das Interferenzmuster, lassen die Musik erklingen.

Vor diesem Hintergrund können wir naturwissenschaftliche Erkenntnisse tatsächlich auch nutzen, um uns der Beantwortung philosophischer Fragen anzunähern.

In der Philosophiegeschichte haben sich nämlich immer schon kluge Köpfe Gedanken über das sogenannte Geist-Körper-Problem gemacht. Für den französischen Philosophen René Descartes (1596 – 1650) beispielsweise stand außer Frage, dass es zum einen den Geist gibt und zum anderen den materiellen Körper. Nur wie sind diese beiden wesentlichen Bestandteile/Substanzen verbunden? Für Descartes war diese Zweiteilung, dieser Geist-Körper-Dualismus immer etwas, was ihn umtrieb. Es verwundert nicht, dass andere wiederum ganz anders dachten. Sie dachten nicht dual, sondern für sie gab/gibt es nur eine Substanz, sichtbare Materie. Diese Materie sei halt das Wesentliche, weil eben nach dieser Auffassung allein Materie Geist/Bewusstsein schafft. Das sind unsere sattsam bekannten Materialisten mit ihrem schon an anderer Stelle angeführten Gehirnbewusstsein.

Wir wissen jetzt, spätestens nach den Erkenntnissen der Quantenphysik, dass beide Denkansätze nicht der Weisheit letzter Schluss sein können.

Materie schafft keinen Geist! Geist muss schon lange vor der sichtbaren Materie quasi vorhanden sein, existieren, schon vor unseren Schaumkronen. *Wahrscheinlichkeitswellen* wabern in unserem grenzenlosen Meer, bevor sie zu sichtbarer Materie werden. Materialisten liegen also ganz falsch und Descartes hatte zumindest zur Hälfte recht. Grundlage von allem ist kein fester Stoff, keine untrennbaren Kügelchen, Grundlage sind Informationen, ist Geist/Bewusstsein. Wir können also von einem geistigen Monismus sprechen oder anders ausgedrückt von jenem schon erwähnten Panpsychismus.

Spannend ist nun natürlich eine weitere wesentliche Frage, nämlich woher diese Informationen stammen, dieser Geist, dieses Bewusstsein? Ist dieser sozusagen Bauplan so ganz zufällig einfach vom Himmel gefallen, aus jenem grenzenlosen Meer ans Ufer geschwemmt worden? Sehr unwahrscheinlich! Was steckt also dahinter? Wer oder was hat Marie und Lars instruiert, ausgerechnet als ein Wasserstoffatom das Licht der Welt zu erblicken?

Ich habe da ich eine relativ klare Vorstellung, eine konkrete Ahnung. Wie gesagt, eine Vorstellung, eine Ahnung! Und jeder, der meint, diese Frage zweifelsfrei beantworten zu können, muss Hellseher sein, muss also das *Ding an sich* kennen, oder ist schlicht ein Scharlatan.

Aber bevor ich eine Antwort versuche, wollte ich Ihnen ja noch kurz berichten, wofür Anton Zeilinger den Physiknobelpreis bekommen hat: nämlich für seine bahnbrechenden Forschungsarbeiten im Bereich der Quanteninformation bzw. Quantenverschränkung. Aha, und was ist das nun wieder?

Stellen Sie sich einfach einmal vor, in Ihrer rechten Hand befindet sich eine rote Kugel und in Ihrer linken Hand eine blaue. Die blaue Kugel wird nun per innovativer Technik blitzartig auf den Mond verfrachtet und in den Mondstaub gelegt. Jetzt öffnen Sie Ihre rechte Hand und stellen verwundert fest, dass aus der roten Kugel plötzlich eine blaue geworden ist, und im selben Moment, ich betone, **im selben** Moment, ist die blaue Kugel auf dem Mond zu einer roten Kugel geworden.

Nein, nein! Auch hier waren keine Magier am Werk. Es verhält sich tatsächlich genau so. Unsere Kugeln mussten also auf irgendeine geheimnisvolle Weise voneinander wissen, um sich quasi *absprechen* zu können. Absolut verrückt! Die

Entfernung dabei spielt übrigens keine Rolle, die blaue Kugel hätte auch auf dem Mars oder auf Alpha Centauri liegen können und ein Wechsel von Rot auf Blau bzw. von Blau auf Rot geschähe auch dann, ich betone es noch einmal, absolut zeitgleich. Und genau dieses so Bizarre bezeichnet man in der Quantenphysik als *Quantenverschränkung*.

Zeitgleich bedeutet natürlich auch, dass hier etwas schneller als mit Lichtgeschwindigkeit geschieht. Nur zur Erinnerung: Das Licht legt in einer Sekunde knapp 300.000 Kilometer zurück. Ganz schön flott! Unsere Mond-Raketen fliegen gerade einmal so um die 40.000 Kilometer in der Stunde. Übrigens, dass die Lichtgeschwindigkeit nach unseren physikalischen Maßstäben die absolute Höchstgeschwindigkeit markiert, das hat Albert Einstein mit seiner speziellen Relativitätstheorie bewiesen. So wie auch, dass Zeit relativ ist: In einem schnell fliegenden Raumschiff beispielsweise vergeht die Zeit langsamer als auf der Erde.

Die Relativitätstheorie war ohne Frage ein Geniestreich dieses physikalischen Wunderkindes. Und doch verzweifelte genau dieser geniale Denker an jener quantenphysikalischen Verschränkung.

Spukhafte Fernwirkung, so bezeichnete er dieses höchst seltsame Phänomen zwischen der blauen und der roten Kugel.

In der Quantenwelt passieren auch in diesem Fall wieder Dinge, die wir in unserer Alltagswelt so nicht beobachten können. Wenn in Haus A das Fenster zufällt, dann geht ja nicht deshalb in Haus B **zeitgleich** das Fenster auf. Das eine hat doch mit dem anderen nichts zu tun. Ich müsste schon zu Haus B gehen und das Fenster öffnen. Und dieser Vorgang könnte eben nicht schneller als mit Lichtgeschwindigkeit erfolgen. **Zeitgleich** wäre es wie gesagt unmöglich.

Einstein konnte sich übrigens bis an sein Lebensende mit diesen Kuriositäten der Quantenphysik nicht abfinden. Zeilinger hat es hingegen erneut nachdrücklich bewiesen, dass es sich genau so verhält. Fast, so scheint es, haben wir eine ganz neue quantenphysikalische Erkenntnis-Brille aufgesetzt, durch die Raum und Zeit eine völlig andere Bedeutung bekommen.

Und dies zeigt doch auch einmal mehr wieder, dass wohl tatsächlich nichts voneinander getrennt ist. Keine Schaumkrone, keine rote, keine blaue Kugel kann isoliert existieren, ohne dass es Einfluss auf das andere nähme, kein Teilchen könnte entfernt werden, ohne das Ganze zu zerstören. Es scheint also so etwas zu sein, was man als *Holismus* bezeichnen könnte, da sich das Ganze **nicht** aus der Summe seiner einzelnen voneinander **unabhängigen** Teilchen zusammensetzt, sondern vielmehr ein Teilchen (Schaumkrone) nur aufgrund seines Zusammenhangs mit anderen Teilchen (Schaumkronen) in einem **gemeinsamen** Ganzen (grenzenlosen Meer) Bedeutung gewinnt, sich quasi alles in jedem Teilchen zeigt. Schelling musste das wohl schon geahnt haben.

Aber zurück zu unseren Informationen. Wo kommen die denn nun her? Welches grandiose Hirn hat sie erdacht, erzeugt? Wie gesagt, es weiß keiner! Man kann nur schlussfolgern, wie es wohl am wahrscheinlichsten sein könnte. Eine Dimension des Unbegreiflichen, Phantastischen nimmt jedenfalls angesichts dieses so Wundersamen geradezu gigantische Ausmaße an. Jedes einzelne sichtbar gewordene Elementarteilchen ist ja lediglich die Spitze eines Eisbergs, eine Schaumkrone auf diesem grenzenlosen Meer, sprich der für uns sichtbar gewordene Ausdruck einer allumfassenden Einheit. Jedes Teilchen muss genau wissen, wie es zu *ticken* hat, muss also über alle dafür notwendigen Informationen verfügen, um das große Ganze, unsere Welt, unser Universum, bilden zu können. So wie auch der Haufen Lego-Steine im Kinderzimmer ein bunter Haufen bliebe, würde nicht der Gestaltungswille eines Kindes daraus etwas Sinnvolles entstehen lassen. Und aus diesen bunten Lego-Steinen bzw. grenzenlosem Meer von Möglichkeiten hat sich nun wahrlich nicht etwas so Profanes wie kindliche Legowelten herausgebildet, sondern ganz im Gegenteil etwas derart Gigantisches und Phantastisches, das wir als unser Universum, als unseren wunderschönen **blauen** Planeten, als dieses grandiose wundersame vielfältige Leben wahrnehmen können.

Ich weiß nicht, was Sie denken, ich kann hinter all dem nur eines vermuten:

Göttliches Bewusstsein

Alles andere würde auch nicht ansatzweise dem Wunder unseres Seins gerecht werden. Es sei denn, man verschließt die Augen und glaubt immer noch nur an das, was man sieht, anfassen oder bestenfalls berechnen kann.

Wir müssen uns daran gewöhnen, dass die Natur dieses grenzenlosen Meeres *die eines Bewusstseins ist,* dass also *Bewusstsein eine Eigenschaft* dieser Ur-Wirklichkeit *an sich ist,* so umschreibt es Lothar Schäfer. Newtons Uhrwerk-Universum verwandelt sich somit auf wundersame Weise in ein bewusstes *lebendes* Universum, was wohl auch Werner Heisenberg zu seiner Anmerkung inspirierte, dass *der erste Schluck aus dem Becher der Wissenschaft zum Atheismus führe, aber auf dem Grund des Bechers Gott warte.* Der schon erwähnte Panpsychismus, so könnte man sagen, wandelt sich zu etwas, was unter dem Begriff Pantheismus bekannt ist. Danach ist das allen Dingen innewohnende Bewusstsein göttlicher Natur, alles ist Gott, alles ist eins.

Und nicht nur Kant musste Vorahnungen von etwas gehabt haben, was die Quantenphysik später manifestierte. Auch der niederländische Philosoph Baruch de Spinoza (1632 – 1677) war wohl so ein Mensch. Er betrachtete Gott und die Welt als miteinander identisch. Alle Dinge, alles, was ist, spiegele jenes Bewusstsein wider, was er göttlich nannte. Ein sozusagen personifizierter Gott christlichen Glaubens *löst* sich durch eine solch pantheistische Vorstellung quasi auf und weht nun in allen Dingen. Ein solcher Hauch Gottes konnte natürlich nicht auf die Zustimmung der Kirche stoßen und Spinoza wurde tatsächlich als Atheist bekämpft und exkommuniziert. Und damit wären wir wieder bei den menschlichen Unzulänglichkeiten angelangt, unbedingt auch recht haben zu wollen in Bereichen, die sich nun wirklich unserer Erkenntnisfähigkeit entziehen.

Sieht man von diesen menschlichen Kleinkariertheiten einmal ab und kommt auf den quantenphysikalischen Informationskern zurück, so ist Fakt, dass die Quantenphysik quasi en passant auch einen, wie ich finde, wirklich nachdenkenswerten Gottesbeweis liefert.

Kluge Köpfe haben sich in der Menschheitsgeschichte ja immer schon daran versucht, die Existenz Gottes quasi *beweisen* zu wollen, schlüssige Argumente zu finden, die eine gegenteilige, gottesverneinende Sichtweise zumindest unglaubwürdiger erscheinen lässt. So geht beispielsweise der sogenannte *teleologische* Gottesbeweis auf Thomas von Aquin zurück und ist über 700 Jahre alt. Nach diesem offenbare sich Gott in der Zweckmäßigkeit und Zielgerichtetheit aller Lebensformen auf der Welt. Nur Gott selbst könne die Instanz sein, auf die die Wunder allen Seins zurückgeht.

Thomas von Aquin musste auch schon etwas geahnt haben von diesen Informationen aus jenem grenzenlosen Meer göttlichen Bewusstseins. So kann doch der *genetische Code* hochkomplexen Lebens, der im Prinzip für alle Lebewesen auf der Welt gleich ist, nicht so einfach vom Himmel gefallen sein, so ganz ohne auch nur den Hauch einer sich dahinter verbergenden Ur-Idee. Auch wenn Kritiker immer wieder einwenden, dass das Leben auch ohne Gott, allein durch die Evolution, entstanden sein könnte, so musste dieser Prozess doch irgendwann einmal begonnen haben. Was hat also den Urknall verursacht? Und warum haben sich die Bedingungen nach dem Urknall so entwickelt, dass hochkomplexes Leben überhaupt entstehen konnte? Immer nur den *materialistischen Zufall* zu bemühen, ist das nicht etwas zu billig? Wir wissen doch jetzt auch, dass das, was wir als unsere Welt, als unsere Realität bezeichnen, seinen Ursprung in jenem grenzenlosen Meer hat, in jenem Bewusstsein, dass alles hervorgebracht hat. Was Materialisten als Zufall bezeichnen, dem liegen doch jene Informationen zugrunde, die all das ermöglicht haben, was wir wahrnehmen. Und das kann dann kein Zufall mehr sein, sondern muss doch eher so etwas wie ein gesteuerter Prozess sein. Ähnlich auch wie unsere Elektronen, die scheinbar wahllos, zufällig auf dem Beobachtungsschirm aufblitzen, und doch im Endergebnis jenes geordnete Interferenzmuster bilden.

Ein anderer Gottesbeweis, der sogenannte *ethnologische,* besagt, dass praktisch alle Völker und Kulturen dieser Welt einen bestimmten Gottesglauben entwickelt haben. Die Ursache eines solchen menschlichen Vorstellungsvermögens von einem höheren Wesen könne daher auch nur in Gott selbst liegen.

Stimmt auch irgendwie! Können sich so viele Menschen irren? *(Diesen Aspekt greife ich im nächsten Kapitel noch einmal auf.)*

Natürlich muss man sich der Sichtweise dieser kleinen Auswahl *historischer* Gottesbeweise nicht unbedingt anschließen, vor allem auch nicht vor dem Hintergrund all der so beeindruckenden naturwissenschaftlichen Erkenntnisse, die bis zur Quantenphysik ja sogar zu der berechtigten Hoffnung Anlass gaben, bald alle naturwissenschaftlichen Fragen geklärt zu haben, Gott schien da tatsächlich keinen Platz mehr zu haben, aber müsste man nicht spätestens mit den so völlig neuen umwälzenden quantenphysikalischen

Erkenntnissen eine Kehrtwende einleiten? Jenes grenzenlose Meer von Möglichkeiten müsste doch zu neuen Ufern führen und auf dem Grund des Meeres kann doch eigentlich auch nur Gott warten, wie es Heisenberg so schön ausdrückte. Jene *Ur-Wirklichkeit*, jenes nicht mehr Greifbare, aus dem alles entsteht, sichtbar wird, unsere Welt, das ganze Universum, ist doch so viel mehr, bietet so viel mehr Raum für einen neuen Blick auf eine Welt, in der Gott, göttliches Bewusstsein zur allverbindenden Wahrheit wird. *Zaubert* uns Gott aus dieser unergründlichen anderen größeren Wirklichkeit nicht tatsächlich so etwas wie eine *Lebensbühne* Welt, auf der wir Menschen unsere *Lebensrollen* spielen? Und nach dem leiblichen Tod gehen wir zurück hinter diese Bühne und Buddhisten bereiten sich dort auf eine neue Rolle im nächsten Leben vor. Aber, wer weiß? Vielleicht ja auch wir alle!

Ein solch *göttliches Bewusstsein*, dieses grenzenlose Meer, dieses für uns Menschen so Unfassbare, inspirierte nicht nur Philosophen der neueren Zeit zu den tiefgründigsten Überlegungen, sondern auch schon die alten Griechen. Für den griechischen Philosophen Platon (428 v. Chr. – 348 v. Chr.) beispielsweise, diesen so maßgeblichen

Wegbereiter spirituellen Denkens, verkörpern ewige Formen, die Ideenwelt, eine höchste Wirklichkeit. Ideen wie das Gute, das Schöne, das Gerechte seien zeitlose Idealvorstellungen, die uns Menschen als Richtschnur dienen sollten. Ist es uns ein Herzensanliegen, gerecht zu sein, es wirklich leben zu wollen, zugleich aber auch spüren, diesem Anspruch niemals ganz gerecht werden zu können, so liegt diesem Streben die Idee des Gerechten an sich zu Grunde. So bilden Ideen quasi eine transzendente wahre Wirklichkeit außerhalb unserer Raumzeit, formen mit anderen Worten jenes grenzenlose Meer. Und für Plotin, ein bedeutender Nachfolger Platons, steht an der Spitze von allem das *Eine,* aus dem unsere Seelen, die Natur, unsere wahrnehmbare Welt hervorgehen.

Spiegelt sich in diesem kleinen Exkurs zu den alten Griechen nicht eine fast schon unheimliche Weitsicht? Wie eben auch später bei Kant, Schelling, Spinoza und so vielen anderen? Als ahnten sie tatsächlich etwas von den wundersamen Erkenntnissen der Quantenphysik.

Wir Menschen sind bewusst handelnde Wesen mit einer individuellen Persönlichkeit. Von daher muss unser Bewusstsein, das durch unseren leiblichen Körper quasi Gestalt annimmt, zu einer sichtbaren Schaumkrone wird, logischerweise auch jenem grenzenlosen Meer, jenem göttlichen Bewusstsein, entspringen. Vielleicht kann es gerade deshalb ja auch neurowissenschaftlich nicht gelingen, Bewusstsein ausschließlich im Gehirn *verorten* zu wollen. Unser Bewusstsein ist kein wie auch immer sich vorstellbares *Inselbewusstsein*, das allein unser Gehirn erzeugt.

Der menschliche Geist ist nicht in sich abgeschlossen, sondern öffnet sich einer transzendenten Wirklichkeit (15). Materialistisch denkende Wissenschaftler vermuten und suchen es daher schlicht an der falschen Stelle, am falschen Ort. Die Tagesthemen, der letzte Tatort, die Dschungelprüfung werden nicht im noch so modernen Flachbildschirm produziert. Dies mögen vielleicht kleine Kinder denken, dass sich das Sandmännchen im Fernseher versteckt, wenn die Sendung zu Ende ist.

Die Quantenphysik zeigt uns, dass Materie keine feste stoffliche Grundlage hat. Alles, was wir wahrnehmen, einschließlich uns selbst, realisiert sich aus jenen Wahrscheinlichkeitswellen, entspringt jenem grenzenlosen göttlichen Meer. Das, was wir als Realität, als Wirklichkeit bezeichnen, spiegelt lediglich **unsere** Realität, **unsere** Wirklichkeit wider. Theoretisch könnten sich auch unendlich viele andere Wirklichkeiten bilden. Jenes grenzenlose Meer, jene Potenzialität, lässt es uns zumindest für möglich erscheinen. Wirkt es vor diesem so Unvorstellbaren nicht geradezu zynisch, das materialistische Weltbild auch weiterhin als das Maß der Dinge zu verteidigen? Nein, wir kommen nicht aus dem Nichts und vergehen auch nicht in jenem Nichts. Braucht es eigentlich noch viel Phantasie, jenes grenzenlose göttliche Meer als das genaue Gegenteil von Nichts zu begreifen? *Die Botschaft der modernen Physik ist die, dass die Wirklichkeit an ihren Grenzen nicht im Nichts verklingt, sondern im Bereich des Metaphysischen,* so noch einmal L. Schäfer. Und für den Quantenphysiker und Philosophen Carl Friedrich von Weizsäcker erklärt die Physik nicht die Geheimnisse der Natur, sondern führt sie vielmehr auf *tieferliegende Geheimnisse* zurück. Muss dann nicht doch auf dem Grund des Bechers Gott warten?

Grenzenloses göttliches Bewusstsein lässt altes materialistisches Denken nicht nur verblassen, sondern führt es geradezu ad absurdum. So wie es auch Menschen auf ihrer spirituellen Suche *verhungern* lässt, da es nur einen so winzigen

Ausschnitt unseres Seins widerspiegelt. Was zeigt der Schein einer Taschenlampe in dunkler Nacht? Nur wundern lässt mich daher auch, warum dieses so Phantastische der Quantenphysik nur die wenigsten Physiker wirklich zu interessieren scheint. Begnügen sie sich doch zumeist mit einer eher *instrumentellen* Haltung. Wissenschaftliche Theorien müssten von daher nicht unbedingt die metaphysischen Tiefen des Seins beleuchten, sondern eher experimentelle Vorhersagen ermöglichen, die dann letztendlich auch für marktgerechte Produkte genutzt werden können.

Richard Feynman hat dafür ein schönes Bild gefunden: Zwei Götter spielen Schach und wir Menschen beobachten dieses Spiel, ohne auch nur die geringste Ahnung davon zu haben, was das für ein Spiel ist, wer und warum er es erdacht hat, und wie die Spielregeln sind. Nach langen Beobachtungen finden wir heraus, wie wohl die Regeln sind. Der Bauer geht nach vorne, die Dame darf fast alles, der Läufer läuft diagonal usw. Gar nicht so einfach, dies alles zu verstehen. Aber wir Menschen sind ja neugierig und arbeiten uns Stück für Stück voran. Aber auch wenn wir alle Regeln kennen würden, was wüssten wir dann über die tieferen Strategien des Spiels? Wir wüssten immer noch nicht, warum der eine Spieler einen bestimmten Schachzug macht oder eben auch nicht. Wir blicken nicht hinter das Spiel. Jeder Schachspieler weiß, dass man nicht Schachspielen kann, nur weil man die Regeln kennt. Das reicht eben nicht, um das große Ganze zu verstehen. Und doch scheint es so vielen zu reichen. Was interessieren mich die Intentionen des Erfinders, die zielführenden Strategien? Egal! Hauptsache ich schlage die nächste Figur.

Ein solch selektiver verengender Blick auf das Ganze mag auch folgendes Bild noch einmal zu verdeutlichen: Ein Ufo erreicht nach langer Reise unsere Erde und die *Außerirdischen* können sich weder vorstellen, was wir Menschen für besondere Wesen sind, noch wie wir auf diesem Planeten leben. Aber sie beobachten uns Menschen und unsere Gebräuche sehr genau und bemerken auch sehr schnell, dass schier unzählige käferförmige Gebilde auf geraden, oft geschwungenen und auch wieder abknickenden Bahnen scheinbar unaufhörlich hin- und herfahren, die einen von links nach rechts und genauso viele auch wieder von rechts nach links. Merkwürdig! Aber unsere *Außerirdischen* sind ja ohne Frage intelligent. Nach intensiven Beobachtungen erkennen sie, warum es diese sonderbaren Gebilde wohl gibt. Die Erdlinge steigen darin ein, um von einem Ort zu einem anderen zu gelangen. Aha, es müssen also Fortbewegungsmittel sein, die diese merkwürdigen Erdbewohner benutzen, weil die einen anscheinend immerzu in die eine und die anderen immerzu in die andere Richtung müssen. Warum das so ist? Darüber grübeln sie wahrscheinlich noch immer. Und fliegen sie dann zurück zu ihrem Heimatplaneten, können unsere *Außerirdischen* ihren neugierigen und staunenden Artgenossen immerhin wahrheitsgemäß davon berichten, wie unsere Autos aussehen und wozu sie da sind. Sie haben ihrer Auffassung nach das Beobachtungsobjekt – bis auf das ewige Hin- und Herfahren – entschlüsselt, das Geheimnis dieser irdischen Fortbewegungsmittel also gelüftet. Durchaus verständlich, dass jene Lebewesen zu dieser für sie nachvollziehbaren und scheinbar in sich schlüssigen Erkenntnis kommen mussten. Was aber wussten sie wirklich – trotz ihrer Intelligenz? Eigentlich doch nicht allzu viel! Denn hatten sie auch nur die leiseste Ahnung von Gewinnmaximierungsstrategien multinationaler Konzerne, die diese Autos bauen, um ihre Aktionäre mit immer weiter steigenden Aktienkursen und

Dividenden zu beglücken? Was wussten sie von Wachstumsstrategien, um Marktmacht und Konkurrenzfähigkeit im Rahmen der Globalisierung festigen und ausbauen zu können? Was wussten Sie von der Sicherheit oder Unsicherheit tausender Arbeitsplätze, von den enormen Umweltbelastungen durch Produktion und Nutzung unzähliger Autos auf unserem Planeten? Was also wussten sie davon, dass der Fortbewegungsaspekt eben nur ein klitzekleiner Teil eines großen Ganzen ist? Ja, wie sollten sie das alles auch erkennen, verstehen können? Unterm Strich wussten sie also tatsächlich nicht allzu viel davon, was es mit diesen Autos auf der Erde auf sich hat.

Selektive Wahrnehmung in der Wissenschaft scheint aber dennoch kein wirkliches Problem zu sein. Die Regeln des Spiels sind wichtig! Metaphysische Fragen spielen dabei eben keine Rolle. Die Quantentheorie sagt exakt, was man messen kann. Aussagen darüber, was sich hinter diesen Messungen verbirgt? Egal! Metaphysik lässt sich halt schlechter vermarkten als leistungsoptimierte Mikrochips und Quantencomputer. Marktwachstum und spirituelles Wachstum schließen sich leider aus.

Was bleibt als Fazit festzuhalten? Grundlage aller Erscheinungen in unserem Universum sind keine festen unteilbaren Teilchen, keine Legosteine, sondern nach Zeilinger Informationen, die uns jenes göttliche Bewusstsein erahnen lassen. Und dieses grenzenlose göttliche Meer spiegelt weit mehr wider als messbare physikalische Vorgänge. Unsere Wirklichkeit ist nicht die Wirklichkeit, all-verbindendes Sein ist mehr als die selektive Wahrnehmung eines materialistischen Blicks auf einen physikalischen Messvorgang.

Sollte die Zeit nicht von daher eigentlich reif sein für eine neue Sicht, einen neuen Blick, für ein neues Denken, für eine nicht mehr nur selektive Wahrnehmung?

Viele scheinen es nicht sehen zu wollen und dennoch, ein Lichtblick am Horizont bleibt. Zum Glück gab es immer Menschen und wird es wohl in Zukunft auch immer geben, die es tief in ihrem Herzen spüren, jene andere, spirituelle, göttliche, über den leiblichen Tod hinausgehende Dimension unseres Seins. Jene Dimension, die uns im Leben so oft anrührt, leitet, Sinn gibt und die tiefere Bedeutung unseres Seins erahnen lässt. Mögen sich mehr Herzen öffnen!

So hoffe ich zum Abschluss dieses Kapitels, Ihnen das Phantastische der Quantenphysik ein wenig nähergebracht zu haben. Öffnen diese so wundersamen Erkenntnisse doch das Tor zu einer größeren göttlichen Wirklichkeit, deren Ausdruck auch wir sind. Sie bilden das Fundament für eine neue spirituelle Sicht und ebnen darüber auch den Weg für die Beantwortung unserer großen Frage.

Kapitel II

Nahtoderfahrungen

und

andere Wege

Abb. 5

Höchst interessant dürfte dann angesichts dieser quantenphysikalischen Wunder natürlich auch die Frage sein, ob es womöglich noch andere Wege gibt, hinter jenes *Tor des Lebens* zu schauen, jene größere Wirklichkeit, jenes bewusste Universum spüren, wahrnehmen zu können?
Versuchen wir eine Brücke von dort zu uns selbst zu schlagen.

Über den Begriff Nahtoderfahrungen (NTE) sind Sie bestimmt auch schon einmal gestolpert. Vielleicht haben Sie ja sogar selbst schon einmal so etwas erlebt oder kennen jemanden, der davon erzählte. Fragt man nämlich erst einmal nach, ist es geradezu erstaunlich, wie viele Menschen schon solch wundersame Erfahrungen gemacht haben müssen.
Bisschen gruselig hört sich das ja schon an. Wer will schon Erfahrungen machen so ganz nah am Tod? Vielleicht rutscht man dabei ja auch ab und aus der Nahtod- wird schnell eine Ganztoderfahrung. So denken bestimmt viele und verdrängen schnell wieder alles. Heut Abend ist eh Fußball! Leider bleibt es dann oft dabei, obwohl es sich wirklich lohnt, einen näheren Blick darauf zu werfen.
Der Begriff Nahtoderfahrungen ist eigentlich ein

bisschen irreführend. Menschen können nämlich auch in anderen Situationen solcherart Erfahrungen machen, die nicht unbedingt etwas mit medizinischen Grenzsituationen zu tun haben müssen. So zum Beispiel während einer tiefen Meditation, beim Versinken in alles einnehmender Musik oder auch in der Stille der Natur.

So wanderte ich an einem Herbsttage entlang eines verträumten Baches, ganz in mich gekehrt, als plötzlich vor mir wie von Geisterhand eine wunderschöne Landschaft mit goldgelben Feldern unter blauem Himmel auftauchte. Ich sah mich dort mit einer jungen Frau in inniger Vertrautheit. Die Erinnerung daran löst bei mir noch immer ein wohlig warmes Gefühl aus.

Solcherart Erlebnisse sind ja nun wahrlich keine Nahtoderfahrungen, sondern eher so etwas wie spirituelle Erfahrungen, die zumeist auch als irgendwie wundersam und nachhaltig empfunden werden. Ganz so auch wie das weite Feld **mystischer** Erlebnisse. Bereits die alten Griechen glaubten, durch solcherart Erfahrungen eins zu werden mit ihren Gottheiten. Und für Meister Eckhart, ein berühmter deutscher Mystiker des Mittelalters, ist es gar ein Geschenk Gottes, quasi eine spirituelle Erleuchtung, die Grenzen menschlichen Erkennens, Begreifens, Fühlens und Wollens auflöst und uns eine alles umfassende Verbundenheit mit Gott spüren lässt.

Jesus antwortete auf die Frage eines Suchenden, wo er das Reich Gottes fände: *Schaue in dich, und du wirst es finden.*

Damit, so könnte man fast sagen, spiegelt Mystik spirituelles Wahrnehmen von etwas wider, was die Quantenphysik naturwissenschaftlich offenbart.

Für Willigis Jäger, bedeutender deutscher Mystiker, Benediktinermönch und Zen-Meister, verkörpert Mystik daher auch den Aufbruch zu einer neuen Existenz, zu der Erkenntnis des Einen, des Göttlichen, dessen Ausdruck wir sind (16).

Wie ich so schaute, veränderte sich das ganze Land. Es wurde wie aus Glas. Durchsichtig. Die Bäume, die Felsen, die Straße, alles war noch da. Aber sehr blass und wie nicht recht wirklich. Dahinter wurde ein Licht sichtbar, das den ganzen Horizont überhell ausfüllte, das ganze Tal. Ich verlor keineswegs das Bewusstsein, vielmehr war mir plötzlich klar: Das ist ja alles ganz anders! Das ganze Land, dieses ganze Leben, das ist ja alles nur ein Vordergrund! Ein im Grunde unwichtiger! Dahinter ist alles ganz anders. Da kommt etwas auf mich zu, warm und übermächtig. Ich wusste plötzlich: Dort bist du in

Wahrheit zu Hause. Dorthin wirst du eines Tages wieder gehen, wenn du einmal gestorben bist. Dort ist alles, was wirklich zählt (17).

So die mystische Erfahrung eines jungen Mannes auf einer Wanderung, die seinen ganzen späteren Lebensweg prägen sollte.

Was verbirgt sich hinter unserer materiellen Wirklichkeit? Nicht feste Materie, sondern etwas, was wie aus *Glas* ist, den Blick freigibt auf jene andere lichtdurchflutete Wirklichkeit, auf jenes grenzenlose Meer.

Im wahrsten Sinne des Wortes Nahtoderfahrungen können auch Menschen kurz vor ihrem Tod, in der finalen Phase Ihres Lebens machen. In diesen Fällen spricht man von sogenannten Sterbebettvisionen.

Sterbende berichten mitunter von tiefberührenden wundervollen Landschaften, die vor ihnen auftauchten, von verstorbenen Angehörigen, die auf sie warteten und sie leiten wollten in eine andere Welt.

Die berühmte Schweizer Ärztin und Sterbeforscherin Elisabeth Kübler-Ross (1926 – 2004) hat sich unter anderem mit der Untersuchung solcher Sterbebettvisionen einen Namen gemacht und entsprechende Fälle ausführlich dokumentiert. Sterbebettvisionen sind quasi Nahtoderfahrungen ohne Wiederkehr ins Leben.

Nachfolgend möchte ich allerdings den Blick auf Nahtoderfahrungen richten, die Menschen in lebensbedrohlichen Situationen machen können, also beispielsweise nach einem Schlaganfall oder Herzinfarkt, aber wieder ins Leben zurückfinden. Genau an diesen Fällen wird nämlich die wundersame mystisch-spirituelle Tragweite dieser so eigentümlichen Erfahrungen besonders deutlich. Nahtoderfahrungen sind eindeutig kein Phänomen der Neuzeit. Zu allen Zeiten müssen wohl Menschen derartige Erfahrungen gemacht haben. Schaut man in die Literatur, so lassen sich zahlreiche Hinweise darauf finden. Und doch hat es heute einen anderen Stellenwert. Die Medizin ist mittlerweile so weit fortgeschritten, dass Menschen in lebensbedrohlichen Situationen zum Glück häufiger überleben, als das früher noch der Fall war. Und wer überlebt, der kann berichten:

Ich schwebte durch eine Art Tunnel auf ein unendlich helles und mildes Licht zu, das eine Liebe, Güte und Geborgenheit ausstrahlte, die ich in dieser Reinheit und Intensität noch nie in meinem Leben gespürt hatte. Ich fühlte mich

So der Erfahrungsbericht eines Mannes, der wegen eines Herzinfarkts im Koma lag und nach er-
folgreicher Reanimation von diesen wundersamen Dingen berichten konnte. Ja, klar, ist doch
wohl eindeutig, der Mann hatte geträumt oder
hatte irgendwelche Halluzinationen oder mor-
phinhaltige Medikamente bekommen oder auch
alles zusammen. Punkt! Nächstes Thema. So sicherlich die Meinung vieler Ärzte, die unser Gehirn allein für solcherart *Nahtodphantasien* verantwortlich machen. Und medizinisch betrachtet ist
es auf den ersten Blick ja auch gar nicht so abwegig.
Zum Thema Nahtoderfahrungen sind die Mei-
nungen wie so häufig im Leben oft völlig konträr.
Ärzte, davon überzeugt, das Gehirn allein *produziere* Bewusstsein, unsere Verfechter des materialistischen Weltbildes, müssen natürlich so denken. Andere sehen es genau entgegengesetzt, sind
davon überzeugt, dass für unser Bewusstsein

ganz und gar nicht allein unser Gehirn verantwortlich sein kann, keinesfalls darauf reduziert werden darf, sondern Bewusstsein vielmehr Ausdruck jenes grenzenlosen Meeres, jener größeren Wirklichkeit, jenes göttlichen Bewusstseins ist. Und Nahtoderfahrungen öffnen zumindest einen kleinen Spalt dieses mystischen Tors, das einen Blick freigibt auf jene andere Wirklichkeit. Deshalb glaube ich auch, dass Nahtoderfahrungen auf unserer Spurensuche ganz klar als ein weiteres Indiz, als ein weiteres starkes Indiz für die Beantwortung unserer großen Frage gewertet werden müssen.

Zeigen doch die wundersamen Erkenntnisse der Quantenphysik, dass wir jenem grenzenlosen göttlichen Meer entspringen, so weisen Nahtoderfahrungen auf einen Übergang hin zurück in jene andere Wirklichkeit. Wir realisieren uns aus jenem alles verbindenden Meer als ein Mensch aus Fleisch und Blut (quantenphysikalisch wird sozusagen die Wahrscheinlichkeitswelle zu einem wahrnehmbaren Teilchen), leben unser Leben auf dieser *Lebensbühne*, auf dieser Welt, und tauchen nach dem leiblichen Tod auch wieder ein in jenes Meer. Nichts war vor unserer Geburt getrennt von diesem Meer, nichts während unseres

Lebens und nichts, wenn wir dorthin zurückkehren. Schaumkronen existieren nicht isoliert. So kann der Tod nicht das Ende sein, sondern nur ein Übergang in jene größere Wirklichkeit. Ganz so auch wie die Geburt ein Übergang von dort auf unsere Welt war.

Und wie könnte ein Sein nach dem Tod dann aussehen? Lösen wir uns vielleicht in jenem grenzenlosen Meer auf wie Schaumkronen, die soeben noch sichtbar waren, so als wenn nichts gewesen wäre?

Schon merkwürdig! Da mühen wir uns in bisweilen höchst anstrengenden und schwierigen Leben ab, um als aufgelöste Schaumkrone zu enden? Worin sollte da ein Sinn, gar ein tieferer Sinn liegen? Der Körper ist das Haus unserer Seele, wie man so schön sagt, und der Körper ermöglicht uns ein Leben auf dieser Welt. Ein Computer braucht die Hardware, damit die Software arbeiten kann. Wir kommen aus jenem Meer bereits mit einer uns eigenen Persönlichkeit auf diese Welt, sind kein unbeschriebenes weißes Blatt. Eltern werden dies bestätigen können, dass Kinder schon von Geburt an eine so bemerkenswerte Individualität erkennen lassen, Geschwister so grundsätzlich verschieden sein können. Dann leben wir unser Leben und unsere Individualität reift quasi durch all die berauschenden Hochs und verstörenden Tiefs, sprich durch die vielfältigen Erfahrungen, die wir in unserem Leben machen müssen. Gut, Sie haben recht! Manche reifen anscheinend etwas schneller als andere. Bei wieder anderen glaubt man gar, ein Reifungsprozess ist so gar nicht erkennbar. Na ja, manche Dinge brauchen halt etwas länger. Und dann soll dieser mühsame Reifungsprozess mit dem Tod sein so plötzliches unwiderrufliches Ende nehmen, die Schaumkrone im ewigen Meer vergehen? Was unterscheidet eigentlich Geburt und Tod in einem solchen Prozess? Doch nur die zeitlichen Eckpunkte auf unserer *Lebensbühne*, ansonsten aber doch nichts. Warum sollte also nach dem Tod dieser Prozess enden, zumal dieser ja wohl schon vor der Geburt begonnen hat? *(In noch folgenden Ausführungen werde ich diese Annahme erhärten.)*

Nahtoderfahrungen sind daher nicht nur als ein weiteres starkes Indiz für ein Leben danach zu werten, sondern zeigen auch eindrucksvoll, dass unsere Individualität wohl tatsächlich erhalten bleibt. Denn wie sollte man sonst jene wundersamen Erfahrungen machen können, von denen weltweit so viele Menschen so übereinstimmend und überzeugend berichten? Schwer möglich, wenn sich die Schaumkrone im grenzenlosen Meer auflöst oder gar vollständig im dunklen Nichts verschwindet.

Mich überkam ein Gefühl von Jubel, von ungeheurer Freude, begleitet oder unmittelbar gefolgt von einer intellektuellen Durchlichtung, die man unmöglich beschreiben kann. Unter anderem glaubte ich nicht nur, sondern sah, dass das Universum nicht aus toter Materie besteht, sondern im Gegenteil eine lebendige Gegenwart ist; ich wurde mir in mir selbst des ewigen Lebens bewusst. Es war nicht eine Überzeugung, irgendwann einmal das ewige Leben zu erlangen, sondern ein Bewusstsein, das ewige Leben in diesem Augenblick schon zu besitzen ... (18).

Eindrücke einer tiefen spirituellen Erfahrung eines Menschen, der das *bewusste Universum* erlebt hat, der erlebt hat, weshalb ich dieses Buch geschrieben habe.

Zum Thema Nahtoderfahrungen gibt es bereits zahlreiche Bücher, auch schon wahre Klassiker wie jene von Bruce Greyson (19), Jeffrey Long (20) oder auch Raymond Moody (21). Moody, ein amerikanischer Psychologe und Pionier der Nahtodforschung, hat in seinem Buch *Leben nach dem Tod* erstmalig zahlreiche Berichte von Betroffenen zusammengetragen, die an der Schwelle des Todes standen und quasi einen Blick auf jene andere *Welt* werfen konnten. Auch ihm geht es nicht um eine Beweisführung für ein Leben danach, sondern darum, ein Phänomen zu beschreiben, das man nicht mehr leichtfertig als *Spinnerei* vom Tisch fegen dürfe. Hier zeige sich vielmehr eine Facette menschlichen Seins, so Moody, die es wert sei, ernst genommen zu werden. Und damit hat er völlig recht.

Auffällig ist, dass in praktisch allen Berichten über Nahtoderfahrungen bemerkenswerte Ähnlichkeiten, Parallelen deutlich werden: Betroffene schildern, wie sie sich vom eigenen Körper lösen, sie blicken quasi von oben auf sich selbst herab, durchschweben eine Art Tunnel in Richtung auf ein warmes helles Liebe ausstrahlendes Licht, verstorbene Menschen tauchen auf, ein Gefühl der Geborgenheit und Allverbundenheit stellt sich ein, traumhafte Melodien erklingen, märchenhafte Landschaften tauchen auf und ein Lebensrückblick spiegelt nicht selten noch einmal das gelebte Leben. Viele verändern nach einem solch intensiven und unvergleichlichen Erlebnis auch komplett ihr Leben.

Dies alles sind Charakteristika einer Nahtoderfahrung, von denen immer wieder berichtet wird. Allerdings ist es nicht so, dass all diese Merkmale nun immer auch wahrgenommen werden müssten. Bisweilen ist es vielleicht nur das eine oder andere, das Betroffene spüren und erleben. Für die Intensität und Einmaligkeit dieser Erfahrung spiele das jedoch keine Rolle.

Hört sich ja eigentlich mehr nach einem selig machenden Drogenrausch an! Aber Drogen sind es definitiv nicht.

Werfen wir also einmal einen etwas genaueren Blick auf diese so wundersamen Grenzerfahrungen.

Sonderbar ist doch, dass Berichte von Betroffenen so bemerkenswerte Parallelen aufweisen, sich Bilder aus Nahtoderfahrungen so ähneln, so als würde es sich um ein immer wieder auftauchendes gleiches Motiv handeln. Dabei spielt es übrigens keine Rolle, wer diese Erfahrungen machte, noch wann sie gemacht wurden. Mit anderen Worten, es ist völlig egal, ob dies ein Katholik aus Rom, ein Atheist aus Moskau, ein Hinduist aus Kathmandu oder eben Bertha Müller aus Castrop-Rauxel erlebt hat. Egal auch, ob es sich um junge oder alte Menschen handelte, ob diese Erfahrungen heute, vor dreißig oder dreihundert Jahren gemacht wurden. Es scheint ein allumfassendes, Religion, Kultur, Herkunft und Zeit übergreifendes Phänomen zu sein.

Wie passen dazu nur Vorstellungen unserer Materialisten, wonach wir diesen ganzen *Nahtod-Film* nur träumten oder uns Halluzinationen eine fantastische Welt vorgaukelten, die unser Gehirn quasi in Eigenregie produziert, um uns das Hinscheiden zu versüßen? Ja, wenn es so wäre, müssten wir dann aber nicht von individuell **höchst** unterschiedlichen, mitunter bizarren, wirklichkeitsfremden *halluzinativen* Wahrnehmungen ausgehen, die mit Sicherheit nicht diese bemerkenswerten Parallelen aufweisen dürften? Der eine sieht halt weiße Mäuse und der andere glaubt von Jesus höchstpersönlich begrüßt zu werden. Und Ihre Träume? Stellen Sie morgens eigentlich auch immer verwundert fest, dass Sie wieder einmal das Gleiche geträumt haben wie ihr Partner?

Sollten also Halluzinationen oder Träume der Grund für Nahtoderfahrungen sein, dann stellt sich doch die Frage, warum gerade in solch existenziellen Lebenssituationen solch bemerkenswerte Übereinstimmungen auftreten, Parallelen zu verzeichnen sind? Werden Träume, Halluzinationen womöglich auf irgendeine geheimnisvolle Weise gleichgeschaltet? Höchst unglaubwürdig! Müssen von daher Nahtoderfahrungen nicht weit über das hinausgehen, was mitunter bizarre und höchst individuelle Halluzinationen und Träume widerspiegeln? Zudem zeigen auch Untersuchungen italienischer Forscher, dass Gehirnwellen von Menschen, die sich an ihre Nahtoderfahrung erinnern, *eher denen ähneln, die mit dem Erinnern an* **reale Ereignisse** *in Verbindung gebracht werden, als dem Erinnern imaginärer Ereignisse* wie Träume oder Halluzinationen. So viel also dazu!

Ein starkes Empfinden, meinen eigenen Körper zu verlassen, nahm von mir Besitz. Ich schaute plötzlich wie von oben auf mich hinab.

So oder ähnlich erleben es Betroffene zumeist am Anfang ihrer spirituellen Erfahrung.

Das Empfinden, seinen eigenen Körper zu verlassen, dürfte allerdings Menschen zu allen Zeiten auch nicht gänzlich unbekannt gewesen sein. Schon die alten Ägypter haben vor über tausend Jahren vor Christus von solcherart Seelen- oder Astralreisen gesprochen, wie man das früher nannte, bevor dafür der *neudeutsche* Begriff Out-of-Body-Erfahrungen (OBE) geprägt wurde. Man möge da nur einen Blick auf das ägyptische Totenbuch oder auch das buddhistisch geprägte tibetanische Totenbuch werfen.

Seinen eigenen Körper zu verlassen, das ist schon etwas für uns westlich-materialistisch geprägte Menschen schwer Vorstellbares. Oder ist es schlicht auch nur etwas, was im Reich der Phantasie besser aufgehoben wäre?

Psychologisch wird das Gefühl, sich vom eigenen Körper zu trennen, als eine Dissoziation zwischen Ich und Körper beschrieben, welche aufgrund eines Integrationsmangels von propriozeptiven, taktilen und visuellen Informationen des

Körpers entsteht.

Gut, das hat jetzt wahrscheinlich keiner so richtig verstanden. Ist aber auch nicht so tragisch, bedeutet es doch schlicht, dass sich der Betroffene selbst als *abgeschnitten* von dem Geschehen um ihn herum erlebt. Interessant dabei ist, dass durch das Stimulieren bestimmter Hirnregionen solcherart Out-of-Body-Erfahrungen auch künstlich erzeugt werden können. So wie es etwa auch über bewusstseinserweiternde Drogen gelingt. Menschen, die schon einmal einen LSD-Trip wagten, wissen, wovon ich rede.

Ja, wenn das so einfach ist! Das Gehirn gaukelt uns dann solch ein Loslösen vom Körper also nur vor. Bestimmte Auslöser, ob nun künstlich erzeugt oder auch nicht künstlich durch Nahtoderfahrungen, lassen uns eine außerkörperliche Reise also nur als real erscheinen und wir glauben das dann auch noch. Gut, schulmedizinisch also auch geklärt.

Aber damit nicht genug! Solcherart Folgen eines Stimulierens bestimmter Hirnregionen verleiten Materialisten sogar zu der Annahme, dass wir Menschen auch über keinen freien Willen verfügten, dass uns der Wille nur als frei erscheine, tatsächlich aber alles determiniert, also bereits festgelegt sei, wir also nur so und nicht anders handeln könnten. Stimuliere ich eine bestimmte Hirnregion, dann hebt sich beispielsweise meine linke Hand oder ich gehe eben auf eine außerkörperliche Reise, ohne dass mein freier Wille dies gewollt hätte. Ich bin sozusagen Spielball meiner Atome, das Newtonsche Uhrwerk-Universum tickt allein nach den Regeln des Uhrwerks und ich als ein Rädchen dieses Uhrwerks ticke halt, wie das Uhrwerk es vorgibt. Gewagte These! Bedeutet es doch nicht viel weniger, als dass wir gleich programmierten Robotern durchs Leben gehen.

Na ja, wenn eh alles sinnlos, gottlos ist und wir aus dem Nichts kommen und darin auch wieder entschwinden, dann ist das mit den Robotern ja eigentlich auch egal. Trübes Weltbild!

Allerdings erhellen neuere neurowissenschaftliche Studien diese Grautöne. Bestätigen sie doch ganz im Gegenteil zu den Leugnern des freien Willens, dass der Mensch doch nicht ausschließlich den Prozessen im Gehirn hilflos ausgeliefert ist, wir doch nicht nur Spielball sind. Vielmehr können wir gegensteuern, das heißt wir sind imstande, unbewusst eingeleitete Handlungen zu stoppen. Somit bestätigt die Studie, dass der Wille nicht absolut unfrei sein kann. Aber das verwundert mich jetzt eigentlich weniger.

Aber zurück zu unseren OBE! Gaukelt uns das Gehirn also wirklich nur etwas vor? Sind außerkörperliche Erfahrungen, jener sozusagen körperlose Blick auf uns selbst, wirklich nur Trugbilder? Ist es lediglich eine Illusion, eine Dissoziation? Ich bezweifle das. Und warum? Obwohl es doch schulmedizinisch scheinbar so einfach zu erklären ist?

Nun, ganz so einfach scheint es dann aber doch nicht zu sein. Da gibt es nämlich – vorsichtig ausgedrückt – schulmedizinische Ungereimtheiten, schaut man einmal etwas genauer hin. Menschen mit OBE berichten nämlich mitunter von merkwürdigen Dingen, die einfach nicht zu erklären sind, unterstellt man lediglich dieses ominöse Vorgaukeln. Denn grenzt es nicht schon an ein Wunder, dass bewusstlose im Koma liegende schwerstkranke Patienten, bei denen das EEG eine **Nulllinie** anzeigt, was schulmedizinisch als ein Zeichen **fehlender** Hirnaktivität interpretiert wird, dass diese Patienten während einer so *lebensfernen* Phase ihrem Körper quasi *entschweben* und beobachten können, was sich im Behandlungsraum so alles abspielt? Also klare Wahrnehmungen haben müssen.

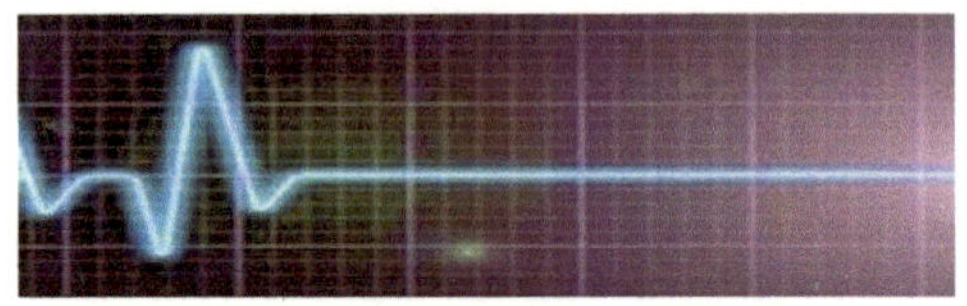

Das EEG ist ein Gerät zur Messung der elektrischen Aktivität der Hirnrinde. Nach einem Herzstillstand beispielsweise zeigt das EEG nach ca. 10 bis 20 Sekunden eine Nulllinie an.

So konnten sie später, nach dem Aufwachen, ihnen unbekannte Behandlungsinstrumente detailgenau beschreiben, sich an Worte erinnern, die zwischen Ärzten und Schwestern gewechselt wurden, sich an bestimmte Kleidungsstücke der Anwesenden erinnern, Stimmungen wahrnehmen und vieles mehr. Wohl gemerkt, all dies während einer Phase, als das Gehirn quasi im *Stand-by-Modus* verharrte, sie also unmöglich dies alles bewusst wahrgenommen haben konnten. Aber damit nicht genug! Liegen doch auch Erfahrungsberichte von Betroffenen vor, die nicht nur wahrnehmen konnten, was sich im Behandlungsraum alles so abspielte, sondern auch, was an anderen Orten geschah. So erblickte beispielsweise eine Frau, während sie operiert wurde, ihre wartenden Eltern in der Cafeteria des Krankenhauses. Und

Details ihrer Beobachtung haben sich im Nachhinein als richtig erwiesen *(Sehr interessant ist in diesem Zusammenhang das Buch **Rückkehr von morgen** von George Ritchie und Elizabeth Sherrill.)*.

Wie sollte aber so etwas möglich sein, wenn uns das Gehirn solch eine Reise nur vorgaukelt? Wie sollte man solch detaillierte Beobachtungen machen können, die sich im Nachhinein auch noch als richtig erweisen? Nein, so etwas ist nur möglich, wenn ich mich tatsächlich außerhalb meines Körpers befinde. Anders ist das doch einfach nicht zu erklären. Außerkörperliche Erfahrungen während einer Nahtoderfahrung gaukeln uns also nicht nur vor, auf Reisen zu gehen, sondern wir gehen wohl tatsächlich auf Reisen. Und diese Reisen erfolgen oftmals auch noch – und das ist ein weiteres Wunder – zu einem Zeitpunkt, als das Gehirn quasi funktionslos war, während einer EEG-Nulllinien-Phase. Wie passt das alles schulmedizinisch nur zusammen? Angeblich ist doch das Gehirn allein für Bewusstseinsprozesse verantwortlich, ganz in Analogie zum Herzen, das Blut durch die Adern pumpt. Und jetzt soll unser Gehirn ausgerecht während dieser Null-Phase, das heißt ohne jede messbare elektrische Aktivität im Cortex, der Großhirnrinde, derart klare

Bewusstseinserfahrungen *produzieren* und auch *abspeichern* können? Einfach nur grotesk! Ein absoluter Widerspruch zur schulmedizinischen Lehrmeinung, nach der es eben unmöglich ist, im Zustand der Bewusstlosigkeit bewusste Erfahrungen zu machen. Und sollte auch in tiefer gelegenen Gehirnregionen noch elektrische Aktivität nachweisbar sein, also in Regionen, die das EEG nicht messen kann, so können auch diese Restaktivitäten des Gehirns unmöglich solch klare Bewusstseinswahrnehmungen, wie Nahtoderfahrungen sie beschreiben, ermöglichen, da nach schulmedizinischer Lehrmeinung allein der Cortex für bewusste Wahrnehmungen verantwortlich ist. Das wäre ja fast so, als produziere das Fernsehgerät nicht nur das Programm, sondern der letzte Tatort würde zu allem Überfluss auch noch auf dem Bildschirm sichtbar, obwohl das Gerät gar nicht eingeschaltet ist. Einfach nur grotesk!

Untersuchungsergebnisse vieler Studien weltweit bestätigen ausdrücklich dieses so außergewöhnliche Phänomen. Ich verweise da zum Beispiel auf die beeindruckende Studie des niederländischen Kardiologen Pim van Lommel, nachzulesen in seinem Buch *Endloses Bewusstsein* (22). Aber auch

die bereits erwähnten amerikanischen Nahtod-Forscher Bruce Greyson, Jeffrey Long und Raymond Moody kamen im Rahmen ihrer Nachforschungen zu gleichen Ergebnissen.
Und folgende Fälle bestätigen dies schier Unglaubliche noch einmal auf eine geradezu spektakuläre Weise.

Eben Alexander, der durch sein Buch *Blick in die Ewigkeit* (23) bekannt gewordene amerikanische Neurochirurg, erkrankte an einer schweren absolut lebensbedrohlichen bakteriellen Hirnhautentzündung und fiel für sieben Tage in ein tiefes Koma. Während dieser Zeit, seine Gehirnfunktionen sind **nachweislich** ausgefallen, taucht er in eine faszinierende andere Wirklichkeit ein und erlebt schier Unglaubliches. So wurde er zum Beispiel auf seiner Reise in diese andere Welt von einer ihm unbekannten jungen Frau begleitet. Später stellte sich heraus, dass es sich um seine schon früh verstorbene Schwester handelte, die er nie kennengelernt hatte, da er in früher Kindheit adoptiert wurde. Er erkannte sie nach seiner Genesung auf einem Foto wieder.
Als Arzt und Neurochirurg versuchte er natürlich eine schulmedizinische Erklärung für seine wie er sagt *ultrarealen* Erlebnisse in dieser anderen

Wirklichkeit zu finden. Er fand keine! Seine sich bis dahin maßgeblich am materialistischen Weltbild orientierende Einstellung änderte er daraufhin völlig. Er ist nunmehr der festen Überzeugung, dass Bewusstsein nicht *Nebenprodukt körperlicher Prozesse* sein kann.

Ein anderer absolut grenzüberschreitender Fall zeigt sich auch am Schicksal der amerikanischen Sängerin Pamela Reynolds, die sich im Jahre 1991 wegen eines großen Aneurysmas in einer Hirnschlagader einer langwierigen und risikoreichen Gehirnoperation unterziehen musste. Während der Operation wurde ihre Körpertemperatur auf ungefähr 10 Grad Celsius abgesenkt, das Blut war vollständig aus ihrem Gehirn gewichen, das EEG zeigte auch bei ihr keinerlei Hirnaktivitäten mehr an, sie war klinisch tot. Und auch sie hatte während dieser so lebensfernen Phase klare Wahrnehmungen, erlebte eine sehr intensive Nahtoderfahrung. So konnte auch sie mit einer bemerkenswerten Genauigkeit zahlreiche Details ihrer Operation und der Gespräche im OP-Saal wiedergeben und auch einzelne spezielle Instrumente beschreiben, die zum Einsatz kamen. Wohl gemerkt, auch ihre Wahrnehmungen ereigneten sich zu einer Zeit, als sie ohne jede

Hirnaktivität auf dem OP-Tisch lag, dabei permanent überwacht wurde, die Ohren verschlossen und die Augen abgedeckt waren.

Dies erklärt wohl auch, warum sich der renommierte Hirnchirurg Peter Vajkoczy, Chefarzt an der Charité in Berlin, sicher ist, dass diese schier unglaubliche Geschichte die Frage, ob es so etwas wie eine Seele geben könnte, weiter befeuern werde. Eine schlüssige (schulmedizinische) Erklärung für Reynolds' Berichte, so Vajkoczy, gebe es nämlich bis heute nicht (24).

Der behandelnde Arzt von Pamela Reynolds, Robert F. Spetzler, kam ebenfalls an seine schulmedizinischen Erklärungsgrenzen, Wahrnehmungen erklären zu wollen, während einer Phase, in der die Patientin klinisch tot war. Er könne sich einfach nicht vorstellen, wie so etwas möglich sein sollte. Doch er habe schon so viele Dinge gesehen, die er sich nicht erklären konnte, dass er nicht so arrogant sei zu behaupten, dass es nicht doch irgendwie möglich sein könnte.

Ja, da kann man sich nun drehen und wenden, wie man will, Erklärungen konstruieren oder gleich aufgeben. Schulmedizinische Erklärungsversuche müssen scheitern, weil man Bewusstsein schlicht an der falschen Stelle sucht.

Bewusstsein während einer Nulllinie ist schulmedizinisch einfach nicht zu erklären.

Nicht nur Pamela Reynolds und Eben Alexanders Fälle zeigen eindringlich, dass während eines Ausfalls messbarer Hirnaktivität ausgeprägte NTE möglich sind. Ultrareale Erlebnisse, wie Eben Alexander betont. Er wurde in dieser anderen Wirklichkeit – ja, in diesem grenzenlosen Meer göttlichen Bewusstseins – von seiner ihm unbekannten Schwester geführt und geleitet. Nehmen wir einmal, das materialistische Weltbild wäre doch richtig und das Gehirn wäre allein für diese geradezu spukhaften Wahrnehmungen verantwortlich, woher sollte dann aber das Gehirn, mal bildlich gesprochen, von dieser Schwester wissen? Im realen Leben hat Eben Alexander sie ja nie kennengelernt.

Mögen Verfechter des materialistischen Weltbildes Wahrnehmungen ohne messbare Gehirnfunktionen noch irgendwie mit nicht messbaren Restaktivitäten des Gehirns zu erklären versuchen, so ist das, was Eben Alexander erlebte, nun wirklich nicht mehr erklärbar und weist eindeutig auf die spirituelle Dimension derartiger Erlebnisse hin.

Aber vielleicht denken Sie ja auch, Eben

Alexander habe nur ein wenig rumgesponnen, um das Ganze interessanter zu machen. Unbedingt glaubwürdiger ist das aber nun auch nicht. Immerhin ist er ein renommierter Neurochirurg und Harvard-Dozent. Darüber hinaus ist das, was er da erlebte, beileibe kein Einzelfall. Nahtoderfahrene berichten immer wieder davon, dass sie nicht nur vertrauten verstorbenen Personen begegneten, der Mutter, dem Vater, der Oma, sondern tatsächlich auch Menschen, von denen sie absolut glaubhaft versicherten, **nicht** gewusst zu haben, dass diese bereits verstorben waren. Dieses so Seltsame ist auch unter dem Begriff *Peak-in-Darien-Phänomen* bekannt. Gehen wir hierbei nicht von bewussten Lügen, von Fake-Geschichten aus, dann ist doch so etwas nur möglich, wenn wir während einer solchen Nahtoderfahrung das grenzenlose Meer, jenes göttliche Bewusstsein spüren, wahrnehmen können, jenes Meer also, das alles verbindet, in dem alles vereint ist, alle Informationen quasi abrufbar sind und wo Zeit und Raum keine Bedeutung mehr haben. Weist nicht auch die Quantenphysik darauf hin, dass alles mit allem verbunden ist? Anders ist dieses *Wissen* doch einfach nicht zu erklären.

Ähnlich auch wie das Phänomen, dass erblindete

Menschen während einer NTE Farben wahrnehmen konnten. Ja, Sie lesen richtig! Erblindete Menschen nahmen Farben war. So konnten sie beispielsweise die Farbe von Kleidungsstücken der Anwesenden im Nachhinein exakt benennen. All diese wundersamen Bewusstseinserfahrungen in den meisten Fällen auch noch während einer Zeit keiner oder nur marginaler Gehirnaktivität stellen einen absoluten Widerspruch dar zum schulmedizinischen Denken.

Eben Alexander in seinem Buch *Blick in die Ewigkeit*: *Während ich im Koma lag, arbeitete mein Gehirn nicht etwa unzureichend, es arbeitete überhaupt nicht. Mittlerweile glaube ich, dies könnte ein Grund für die Tiefe und Intensität des Nahtoderlebnisses gewesen sein, das ich hatte, während ich im Koma lag.*

Und das würde dann ja noch einmal alles auf die Spitze treiben, sollten Bewusstseinserfahrungen tatsächlich am intensivsten sein, je weniger Gehirnaktivitäten gemessen werden.

Scheinbar ist dies aber gar nicht so abwegig. Bruce Greyson spricht in diesem Zusammenhang von der sogenannten *Filterfunktion* (25) des Gehirns, sprich das Gehirn lässt nur so viel *Wirklichkeit*, so viel *grenzenlose göttliche Wirklichkeit* an uns heran, wie es für ein normales Leben auf dieser

Welt, auf unserer *Lebensbühne*, notwendig ist – ganz in Analogie auch zu unseren Sinnen. Könnten wir alle Schallwellen hören, alle Lichtwellen wahrnehmen oder alle chemischen Stoffe riechen, wir würden wahrscheinlich wahnsinnig werden. Und das bedeutet dann natürlich auch im Umkehrschluss, dass bei einem *Gehirnausfall* andere vorher herausgefilterte *Informationen* wahrgenommen werden können, sich also jenes Tor zur *grenzenlosen göttlichen Wirklichkeit* etwas mehr oder gar vollständig öffnet. Vielleicht war das ja tatsächlich auch der Grund für Eben Alexanders so tiefe und intensive Nahtoderfahrung.

Verständlich, dass Bedenken angebracht sind, dass es wahrlich nicht einfach ist, dies alles nachvollziehen, richtig einordnen zu können. Zumal es ja noch nicht einmal einem Neurochirurgen und Chefarzt an der Berliner Charité gelingt. Aber vielleicht ist es ja auch nur deshalb so schwierig, weil wir es immerzu aus dem Blickwinkel unseres westlich-materialistischen Weltverständnisses heraus betrachten.

Im Jahr 2022 nahm ich an einem Kongress zum Thema Nahtoderfahrungen an der Ludwig-Maximilians-Universität in München teil. Dort hatte ich die Gelegenheit, Menschen zu begegnen, die

selbst schon einmal eine NTE gemacht haben.
Und ich muss sagen, es hat mich tief berührt. Berührt hat mich nicht nur, was sie erzählten, sondern vor allem auch, wie sie es erzählten.

Neben diesen so wundersamen außerkörperlichen Erfahrungen zeigt sich ja auch ein weiteres dominierendes Motiv in dem Wahrnehmen und Spüren eines warmen hellen vollkommene Liebe ausstrahlenden Lichts. Und genau um dieses geheimnisvolle Licht ging es vornehmlich auch in den Berichten von Betroffenen auf dem Kongress. Ich konnte praktisch körperlich spüren, wie ergriffen die Menschen auch heute noch waren, die dieses Licht sahen, in diesem Licht quasi aufgingen, auch wenn es oft schon Jahre zurücklag. Einer Frau schossen direkt wieder Tränen in die Augen, so berührt war sie sofort wieder. Sie beteuerte nachdrücklich, dass man die passenden Worte dafür einfach nicht finden könne. Uns fehlten die Worte für etwas, das so erhaben schön, allumfassend sei und so unendlich viel reine bedingungslose Liebe ausstrahle. In diesem Licht habe sie sich so geborgen, angenommen, geliebt gefühlt, wie sie es in ihrem Leben noch nie erlebt habe. Man fühle sich im wahrsten Sinne des Wortes wie Zuhause, sei zurück an jenem

Ort, wo man hingehöre. Und dies erzählte kein trauriger, vom Leben gebeutelter Mensch, der seine geheimen Wünsche und Träume auf dieses Licht projizierte, sondern eine fest im Leben stehende verheiratete Frau mit zwei kleinen Kindern.

Ein anderer versuchte dieses Licht zu malen, in Farben auszudrücken. Es gelang ihm nicht. Aber es half ihm, wie er meinte, diesen überwältigenden Eindruck zu verarbeiten.

Nun frage ich mich, ob dies auch wieder nur Träume oder Halluzinationen waren, oder doch eher Ereignisse größter spiritueller Tragweite?

Bemerkenswert war auch, dass alle Betroffenen ihre Erlebnisse wie auch schon Eben Alexander als ultrareal bezeichneten, wirklicher als alles, was sie bisher in ihrem Leben als real wahrgenommen haben. Sie schilderten jene andere Wirklichkeit als eine tief empfundene wahre Wirklichkeit.

Ich hoffe, Sie können vielleicht erahnen, wie die Berichte auf mich wirkten.

Dieses so alles überstrahlende Licht hat jedenfalls nicht nur die Betroffenen, sondern auch die Teilnehmer des Kongresses nachhaltig berührt, in seinen Bann gezogen.

Eben Alexander umschreibt dieses so

wundersame Licht mit einem schönen Beispiel: Wir gehen an einem warmen sonnendurchfluteten Sommertag ins Kino. Wir sehen vielleicht einen interessanten spannenden Film und nach der Vorstellung treten wir in das strahlende Licht der Abendsonne dieses so einmaligen Sommertages und fragen uns verwundert, warum wir um alles in der Welt an diesem so herrlichen Tag ins dunkle Kino gegangen sind?

Und ein anderes Bild zeugt ebenfalls von dieser besonderen Strahlkraft eines eigentlich nicht beschreibbaren Lichts: Unser aller Leben hier auf der Welt spielt sich ausschließlich in der Nacht ab und mit einer Leuchte erhellen wir lediglich einen begrenzten kleinen Lebensausschnitt eines unendlichen Ganzen. Die Batterien der Leuchte gehen nun langsam zur Neige und mit dem Ende unseres Lebens geht auch die Nacht zu Ende und am Horizont geht die Sonne auf und ein warmes helles Sommerlicht lässt wundervolle Landschaften erstrahlen und wir können es vor Glück kaum fassen.

Vielleicht vermögen diese Kontraste ein kleines bisschen den Unterschied zwischen dem Licht unseres Lebens und jenem alles überstrahlenden göttlichen Licht verdeutlichen.

Müssen Nahtoderfahrungen dann nicht doch so etwas wie ein Schlüssel für das Tor zu jenem grenzenlosen Meer, zu jener allumfassenden hellstrahlenden Verbundenheit sein? Die Schaumkrone unserer Seele findet zurück ins göttliche Bewusstsein.

Diese so schönen tiefbewegenden Bilder wecken in mir Erinnerungen, die mich an Empfindungen jener spirituellen Erfahrungen erinnern. Ein mir sehr vertrauter Ort steht für etwas, das in mir dieses warme erfüllende lichtdurchflutete Glücksgefühl auslöst, von dem so viele Nahtoderfahrene berichten. Auch ich könnte dieses Gefühl nicht näher beschreiben. Mir ist auch nicht klar, woher dieses so starke Gefühl rührt und es handelt sich auch nicht um einen realen Ort, er existiert nur in meinem Herzen, und doch ist es irgendwie ein Teil von mir.

Die Wasser dort sind wie irdisches Wasser. Und doch sind sie kein irdisches Wasser und doch ist uns dieses Wasser zutiefst vertraut. Wenn Sie es sehen, erkennen Sie, dass die wunderschönsten Wasserlandschaften, die Sie jemals auf der Erde gesehen haben, deshalb so wunderschön waren, weil sie Sie an dieses Wasser erinnert haben ... Es war Wasser, das alle irdischen Gewässer, die ich je gesehen habe, wie geringere Versionen, kleinere Geschwister von diesem erscheinen ließ.

So beschreibt Eben Alexander *himmlische Wasserlandschaften*, die er während seiner Nahtoderfahrung erleben durfte. Und auch dieses so wundersam und vertraut wirkende Wasser löst bei mir fast schon mystische Erinnerungen an Träume aus, die ich nicht nur einmal träumte und die mich immer wieder zu jenen so wundersam schönen Wasserlandschaften führten.

Durchwandere ich Felder und Wälder, so halte ich immer Ausschau nach jenen Wassern. Gefunden habe ich sie noch nicht.

Tausend Seen

Ein Land, so weit und reich
liegt in meinen Gedanken,
unerreichbar und doch so nah.
Kristallenes Wasser am Wegesrand,
meine Träume, Wünsche, Gedanken
spiegeln sich,
scheinen zum Greifen nahe
und sind doch so fern.

Ein Land der tausend Seen
ist in mir, ist Traum,
ist Wirklichkeit?
Ist ein Teil von mir,
spiegelt Sehnsucht, Träume,
ist mehr als Wirklichkeit.

Dieses Gedicht habe ich vor vielen Jahren geschrieben. Ich muss wohl einen Hauch jenes Wassers, jener wundersamen Wirklichkeit, gespürt haben.

Die niederländische Kardiologe Pim van Lommel legt in seinem Buch *Endloses Bewusstsein* eindrucksvoll dar, dass Bewusstsein nicht an einen funktionierenden Körper gebunden sein muss, sich unser Bewusstsein mit jenem e*ndlosen Bewusstsein* verbindet als Quelle von allem. Und diese Ur-Quelle, dieses *endlose* grenzenlose göttliche Bewusstsein, lässt uns nicht nur jenes alles überstrahlende warme Licht wahrnehmen, sondern auch das überwältigende Gefühl einer Allverbundenheit spüren, von der Betroffene immer wieder so tief berührt berichten:

Ich habe mich mit allem verbunden gefühlt, ich war eins mit allem, ich weiß nicht, wie ich es besser ausdrücken könnte.

So eine Stimme auf dem Münchener Nahtod-Kongress.

Ich verstand plötzlich alles, alle Fragen waren beantwortet, alles war mir so klar, als wenn ein Schleier gefallen wäre. Dort war ich mir bewusster, als ich es je in meinem Leben war, es war der Moment vor allen Momenten, so ein anderer Teilnehmer.

Es war der Moment vor allen Momenten, der Moment, bevor, wie er meinte, überhaupt irgendetwas Gestalt angenommen habe, was wir als unser

Universum, unsere Welt, unser Leben bezeichnen.

Sie hätten auch hier die Emotionen spüren müssen, um in etwa nachvollziehen zu können, was er mit seinen Worten versuchte auszudrücken. Doch es gelang ihm nicht wirklich und ich kann es verständlicherweise noch viel weniger. Dieses Gefühl alles zu verstehen, mit allem verbunden, mit allem eins zu sein, so, als würde man die Gesetze des Universums, den Sinn des Lebens plötzlich kennen und verstehen, ist rational und auch emotional sicherlich schwer nachvollziehbar für alle, die es nicht selbst erlebt haben. Im religiösen Sinne könnte man es als Kontemplation bezeichnen, als eine tiefe Versenkung, die uns Gott spüren lässt.

Kirchen üben eine fast schon magische Anziehungskraft auf mich aus, dort verspüre ich dieses warme wohlige Gefühl einer allumfassenden liebevollen Verbundenheit. In Gotteshäusern atmet der Geist des Guten, dort öffnen sich unsere Herzen, führen uns zurück zu dem wahren Grund unseres Menschseins.

Vielleicht mögen gerade das ja auch *religionsfernere* Menschen verspüren. Oder warum besuchen so viele auch nicht gläubige Menschen die Kirchen,

Dome, Moscheen und Synagogen dieser Welt? Wirklich nur, um sich an der grandiosen Architektur zu erfreuen?

Allverbundenheit spüren!

Weht ein seichter Frühlingswind durch goldgelb blühende Rapsfelder, die sich mit dem weiten Blau des Himmels und dem zarten ersten Grün der Bäume zu einem betörenden Farbenspiel vereinen, ja, auch dann werde ich eins mit der Natur, mit der Welt. Ich genieße diesen so süßen Duft des Frühlings, aber auch jene träge und oft laute Hitze des Sommers, die verklärte Melancholie eines Herbsttages mit sacht zu Boden fallenden Blättern und auch das milde fahle Licht einer Wintersonne. Der Zauber sich wandelnder Jahreszeiten umschließt und trägt mich. Dieses besondere, so allumfassende Naturerlebnis habe ich versucht in meinem Buch *Hauch der Jahreszeiten – Gedanken, Fotos und Gedichte* (26) einzufangen. Vielleicht vermag es ja ein Stückchen dieser die Seele so tief berührenden Allverbundenheit spüren zu lassen.

Apropos Gedichte! Sie erinnern sich vielleicht an leidvolle Deutschstunden, in denen Sie Gedichte interpretieren mussten – an Stunden, in denen Ihnen der ganze Reiz und Zauber von Gedichten häufig so gründlich ausgetrieben wurde, dass jegliches Interesse daran erlosch. Aber lassen Sie doch einmal nachstehendes Gedicht von *Joseph von Eichendorff* auf sich wirken, ohne auf Reimschema und Versmaß achten, ohne rhetorische Mittel analysieren und ohne die Intention des Verfassers erahnen zu müssen. Lassen Sie es einfach nur auf sich wirken!

Mondnacht

Es war, als hätt der Himmel
die Erde still geküsst,
dass sie im Blütenschimmer
von ihm nun träumen müsst.

Die Luft ging durch die Felder,
die Ähren wogten sacht,
es rauschten leis die Wälder,
so sternklar war die Nacht.

Und meine Seele spannte
weit ihre Flügel aus,
flog durch die stillen Lande,
als flöge sie nach Haus.

Mondhelle Felder, seichte Luft einer warmen Sommernacht. Versinken in etwas, was Worte nur erahnen lassen.

Allverbundenheit und jenes göttliche Licht scheinen Betroffene einer Nahtoderfahrung als etwas so Unbeschreibliches und Phantastisches zu empfinden, dass es nicht verwundert, warum Menschen nach solch tiefen Erlebnissen ihr Leben oft grundlegend verändern. So reift in vielen der Wunsch, sich nicht nur mitfühlender anderen Menschen gegenüber zu verhalten, sondern auch nachhaltiger die Umwelt, die Schöpfung zu schützen und zu bewahren, wollen also schlicht positiver wirken in unserer Gesellschaft. Einer Betroffenen, die ich auf einem Nahtod-Kongress im Jahre 2023 im Benediktushof nahe Würzburg kennenlernte, war es nach ihrer NTE geradezu unmöglich, überhaupt noch Krimis zu lesen oder Krimis im Fernsehen anzuschauen, geschweige denn, selbst Gewalt in irgendeiner Form auszuüben. Sie könne diese Gewalt einfach nicht mehr ertragen, sie spüre sie quasi körperlich.
Fast überflüssig zu betonen, dass auch materieller Reichtum bzw. das Streben danach vor diesen tiefgreifenden spirituellen Erfahrungen verblassen muss.

Ein weiteres charakteristisches Merkmal vieler NTE ist der sogenannte Lebensrückblick. Wie in einem Film werde einem das gelebte Leben noch einmal vor Augen geführt. Nur geschähe alles irgendwie gleichzeitig, aber in völliger detailgenauer Klarheit.

Wahrscheinlich spult das Gehirn, so könnte man meinen, ja noch einmal Erinnerungen ab, und an was kann man sich schließlich besser erinnern als an das eigene Leben? So gesehen dürfte dieses Merkmal einer NTE nun wirklich nicht als besonders spektakulär gewertet werden, wäre da nicht noch etwas anderes, und das ist wiederum höchst spektakulär. Betroffene berichten nämlich davon, dass Erinnerungen nicht nur das eigene Leben beträfen, sondern man spüre auch eindringlich, welche Folgen eigenes Handeln bei anderen ausgelöst habe. Sie nehmen also wahr, was der andere gedacht, gefühlt, wie er möglicherweise auch gelitten hat, durch das, was Sie verursacht haben. Und da muss doch die Frage erlaubt sein, woher mein Gehirn das nun wieder wissen sollte, was sich in den Köpfen anderer alles so abspielte? Nach der Logik eines schulmedizinischen Gehirnbewusstseins ist das natürlich auch wieder nur unmöglich und man müsste es umgehend in der Schublade Phantasie entsorgen. Blicken wir aber wieder auf unser grenzenloses Meer, so ist auch dieses Wundersame gar nicht mehr so unverständlich. Meine Schaumkrone *Geist* nimmt quasi in dieser alles verbindenden Gesamtheit wahr, was die andere Schaumkrone *Geist* empfunden hat. Spektakulär ist solch ein Gedankenspiel also auch wieder nur vor jenem überholten materialistischen Kästchendenken. Vor einer neuen allverbindenden spirituellen Weltsicht – und ich denke da auch an die *quantenphysikalische Verschränkung* – ist es überhaupt nicht mehr so spektakulär.

(Und noch so ganz nebenbei bemerkt: Wäre es nicht schön, wenn es so wäre? Würde dann doch so mancher sicherlich deutlicher spüren, was er in seinem Leben anderen so alles angetan hat.)

Mögen vielleicht auch so andere wundersame Dinge zu deuten sein? Haben wir nicht alle schon einmal davon gehört, dass man es angeblich spüre, wenn einem anderen eng verbundenen Menschen etwas widerfahren ist, also so etwas wie Ahnungen haben, die sich dann tatsächlich auch bewahrheiten können? Vielleicht bin ich ja auch deshalb an einem Vormittag ganz außerplanmäßig zu meinem Vater gefahren. Ich wusste, dass es wichtig war. So konnte ich ihm die Hand halten auf seinem Weg ins Licht.

Hans-Peter Dürr, dieser bedeutende Brückenbauer zwischen Natur- und Geisteswissenschaften, versteht unseren Geist als eine Art Software, die *nicht in unserem Körper eingeschlossen ist*, sondern gewissermaßen überall ist, und somit auch *einen grenzenlosen Datenpool* nutzen könne (27). Allverbundenheit ist halt mehr als die Teile eines Ganzen!

Ich frage mich, warum es trotz all dieser wundersamen Dinge so vielen Menschen so schwerfällt, sich von alten Denkmustern zu befreien? Nur, weil es so schön bequem ist? Weil man sich in seiner so beschaulich eingerichteten kleinen Welt so gut zurechtfindet? Alles Neue wird da höchstens als Bedrohung empfunden. Oder noch viel schlimmer, Menschen müssten zugeben, sich geirrt zu haben. Das verlangen Sie aber einmal von einem gestandenen Universitätsprofessor! Oder der arme Galilei, der erst 1992 von Papst Johannes Paul II. rehabilitiert wurde.

Werfen wir nun einmal einen kritischen Blick auf das, was die Schulmedizin genau als Erklärung für

NTE anzubieten hat. Leider ist das nicht allzu viel. Der US-amerikanische Arzt und Intensivmediziner Sam Parnia ist gar der Auffassung, dass die Qualität der wissenschaftlichen Untersuchungen zu dieser Thematik erschreckend gering sei. Zumeist begnügt sich die Schulmedizin ja auch mit der Pauschalerklärung, dass es sich bei diesen wundersamen Erlebnissen schlicht um Halluzinationen oder Träume handeln müsse, zumeist ausgelöst durch Sauerstoffmangel.

Die Sauerstoffzufuhr zum Gehirn wird nach einem Herzstillstand relativ schnell unterbrochen und aufgrund einer solchen Notsituation werden dann halluzinogene körpereigene Endorphine (quasi hausgemachte Drogen) freigesetzt, die zu diesen Erlebnissen führten.

Hört sich ja erst einmal ganz logisch an. Unser Körper versüßt uns halt diese lebensbedrohende Situation.

Entsprechende Studien zur Nahtoderforschung, so auch van Lommels Studie, zeigen allerdings, dass lediglich knapp 20 Prozent der Reanimierten eine mehr oder weniger intensive NTE hatten. Damit können wir also die Annahme, Sauerstoffmangel führe zu diesen Wahrnehmungen, eigentlich ausschließen. Sollte nämlich tatsächlich jener

Endorphine freisetzende Sauerstoffmangel die Ursache sein, so hätten doch diese *Sinnestäuschungen* bei allen Patienten auftreten müssen, bei denen dieser Mangel festgestellt wurde. Warum dann aber nur bei diesen knapp 20 Prozent? Darüber hinaus belegen die Studien, dass auch verabreichte Medikamente nicht verantwortlich gemacht werden können. Patienten bekamen Medikamente und hatten eine NTE, andere hingegen nicht.

Der Grad oder die Schwere des entstandenen Sauerstoffmangels im Gehirn wirkte sich ebenso wenig auf das Auftreten einer Nahtoderfahrung aus wie die verabreichte Medikation, so ein Fazit aus van Lommels Studie.

Andere schulmedizinische Erklärungsversuche würde ich auch eher in die Kategorie *pragmatisch und flach* einordnen. So erklären vornehmlich Neurologen OBE schlicht als jene Dissoziation zwischen Ich und Körper, als Scheinbilder aufgrund eines Art *Rechenfehlers* im Gehirn. Gerade bei Bergsteigern führe akuter Sauerstoffmangel in großen Höhen zu diesen Illusionen, eben ganz in Analogie auch zu Nahtoderfahrungen. Darüber hinaus ließen sich diese außerkörperlichen Erfahrungen ja auch durch das Stimulieren bestimmter Hirnregionen oder entsprechende Drogen künstlich erzeugen. Also, alles eindeutig schulmedizinisch erklärbar!

Ja, so einfach ist das. Man muss nur hoch genug ins Gebirge klettern, ein bisschen am Gehirn herum manipulieren oder Drogen nehmen und schon sind wesentliche Fragen diesbezüglich geklärt. So ist das eben, wenn man seine schulmedizinische Verteidigungshaltung für ein Gehirnbewusstsein mit aller Macht aufrechterhalten will. Ist halt nicht so einfach, diese Quadratur des Kreises.

Ohne Frage richtig ist, dass Sauerstoffmangel, das Stimulieren bestimmter Hirnregionen oder auch bewusstseinserweiternde Drogen bestimmte *mystische* Wahrnehmungen wie in einer NTE auslösen können, also mögliche Trigger sind, die zu jenen *Rechenfehlern* führen können. Nur, sollten diese Trigger dann eine *außerkörperliche Wahrnehmung* erzeugen, so bezieht sich dies doch lediglich auf das Gefühl, den Körper zu verlassen, tatsächlich bleibt man aber doch wohl in seinem Körper. Alles andere wäre ja auch schulmedizinisch nicht zu erklären. Verlässt man sozusagen nur zum Schein seinen Körper, so wäre es doch logischerweise völlig unmöglich, all jene überprüfbaren Beobachtungen machen zu können, die ich an anderer Stelle schon angeführt habe. Es wäre ja geradezu so, als würde ich nicht nur träumen, auf Malle zu sein, sondern wäre tatsächlich dort. Gefühl und Tatsache sind doch zwei Paar Schuhe! Und noch viel weniger wäre es doch auch zu verstehen, während einer solchen außerkörperlichen Erfahrung Menschen zu begegnen, von denen man nachweislich nicht wissen konnte, dass sie bereits verstorben waren. Woher sollte man das wissen bzw. wo sollte im Gehirn so etwas abgespeichert sein, geht man wieder allein von diesem Gehirnbewusstsein aus? Erinnern wir nur an Eben Alexanders früh verstorbene Schwester! Und wie sollten auch Menschen ohne messbare Hirnfunktionen solche Erfahrungen machen können? Ich denke, dass sowohl bei Bergsteigern, bei Menschen unter Drogen oder während einer Hirnstimulation messbare Hirnaktivitäten nachgewiesen werden können. Nein, spirituelle OBE während einer NTE sind etwas signifikant anderes als künstlich erzeugte OBE oder auch jene Bergsteiger- und Drogen-Visionen.

Sollte es hingegen doch möglich sein, etwas zu *erleben*, was schulmedizinisch nicht zu erklären ist, so müssten dann auch diese künstlich erzeugten

OBE nicht als ein Argument gegen, sondern für den spirituellen Charakter dieser Erfahrungen gewertet werden.

Schauen wir auch noch einmal auf diesen ominösen Lebensrückblick. Schulmedizinisch betrachtet wäre so etwas ja relativ unspektakulär, das Gehirn spult halt abgespeicherte Erinnerungen ab. So weit, so gut! Nur auch hier noch einmal: Wie sollte man es aber schulmedizinisch erklären können, nicht nur das eigene Leben quasi noch einmal zu erleben, sondern auch die Empfindungen anderer? Woher nur sollte mein Gehirn so etwas wissen? Das schulmedizinische Gehirnbewusstsein kann uns dabei jedenfalls nicht weiterhelfen. Solche Fragen sind darüber nicht zu beantworten. Es erinnert vielmehr an hilflose Versuche früherer Zeiten, im Gehirn irgendwo die Seele finden zu wollen. Ich kann das Gehirn sezieren, wie ich will, ich werde nichts finden. Eine Erklärung wird nur über unsere Schaumkronen nachvollziehbarer – unser Bewusstsein als Ausdruck eines allumfassenden göttlichen Bewusstseins. Eine solche Option halte ich jedenfalls für logischer und nachvollziehbarer als jener Glaube an ein Gehirnbewusstsein. Und den passenden Schlüssel zu diesem grenzenlosen allumfassenden

Bewusstsein finden wir in diesen so wundersamen Nahtoderfahrungen.

Doch eingedenk all dieser Argumente und so überzeugenden Schlussfolgerungen lassen die Materialisten nicht locker. Endlich, ja, endlich, so schien es, waren sie erlöst. Da war sie nun, die ultimative schulmedizinische Erklärung für NTE! Alle sich dem alten Weltbild verpflichtet fühlenden Schulmediziner konnten erleichtert aufatmen:

Ärzte finden Erklärung für Nahtoderfahrungen

Diese Schlagzeile sorgte für Aufsehen: Bei einem 87-jährigen sterbenden Patienten ist es kurz vor seinem Tod für etwa 30 Sekunden zu einem starken Anstieg von Gamma-Wellen gekommen, während die Aktivität der langsameren Theta-Wellen zurückging. Der 87-jährige Patient hatte nach einem Sturz einen Bluterguss im Gehirn. Deshalb öffneten die Ärzte die Schädeldecke und entfernten den Bluterguss. Dennoch kam es zwei Tage später zu einer erneuten Verschlechterung der Hirnfunktion und zu epileptischen Anfällen. Die Ärzte schlossen ihn daher an einen EEG-

Monitor an, der die Hirnaktivität auch aufzeichnete, als der Mann starb (28).

Zu Ihrer Information!

Hirnaktivitäten werden über messbare unterschiedliche Wellen angezeigt (29):

- **Alpha-Wellen** (Frequenz 8 bis 13 pro Sekunde (Hertz, Hz)): Sie beschreiben die Hirnaktivität in Ruhe mit geschlossenen Augen, aber wachem Zustand, den sogenannten „Grundrhythmus".

- **Beta-Wellen** (14 bis 30 Hz): Höhere, unregelmäßige Frequenzen zeigen sich bei geöffneten Augen, Sinnesreizen und geistiger Aktivität.

- **Gamma-Wellen** (über 30 Hz): Sie können bei erhöhter Aufmerksamkeit und Konzentration auftreten.

- **Theta-Wellen** (4 bis 7 Hz): Herabgesetzte Frequenzen entstehen zum Beispiel beim Einschlafen oder sehr starker Müdigkeit.

- **Delta-Wellen** (0,5 bis 3,5 Hz): Die langsamsten, meist synchron verlaufenden Wellen signalisieren den Tiefschlaf.

Für den estnischen Neurochirurgen Raul Vicente von der Universität Tartu ist ein solcher Wellenwechsel typisch für eine vermehrte kognitive Aktivität. In seinem Artikel für das Fachmagazin Frontiers in Aging Neuroscience heißt es: *Diese vermehrte Aktivität ist ähnlich wie bei starker Konzentration, Träumen oder Meditieren. Sie komme beim Abrufen von Erinnerungen vor und würde bei Flashbacks von traumatisierten Personen beobachtet.*

Zu ähnlichen Ergebnissen kommt auch eine Studie aus den USA. Ein Forscherteam um Jimo Borjigin, Professorin für Molekulare und Integrative Physiologie an der University of Michigan, untersuchte in der Studie, inwiefern das Gehirn während des Sterbevorgangs aktiv ist: *Unsere Hirne sind in der frühen Nahtodphase noch einmal in diversen Arealen besonders aktiv und ein signifikanter Anstieg der Herzfrequenz sowie der Gammawellen in verschiedenen Hirnregionen ist ebenfalls feststellbar ... Die Gammawellen-Aktivität bleibt auch in der späteren Nahtodphase erhöht* (30).
Eine solche Verstärkung der Gamma-Wellen hatten US-Forscher vor einigen Jahren auch schon bei Ratten nach einem induzierten Herzstillstand beobachtet.
Und das Nachrichtenmagazin Der SPIEGEL

veröffentlichte am 30.12.2022 folgenden Artikel:

Erfahrungen aus seinem klinischen Alltag waren es auch, die bei dem Neurologen Jens Dreier das Interesse für Nahtoderfahrungen weckten. Der Mediziner behandelt an der Berliner Charité Patienten nach einer Hirnblutung. Bei einigen von ihnen kommt es wenige Tage später zu einem Schlaganfall. Weil viele der Patienten in dieser Phase im Koma liegen, muss Dreier sie per Monitor überwachen. Das erste Warnsignal für einen Schlaganfall ist eine sich ausbreitende Entladung von Nervenzellen, Dreier nennt das „Hirntsunami". Der Grund ist: Nervenzellen gewinnen aus Sauerstoff und Glucose Energie und speichern diese wie in einer Batterie. Um einen Nervenimpuls zu erzeugen, verbraucht die Zelle eine kleine Portion davon. Bei einem „Hirntsunami" jedoch entladen sich die Batterien blitzartig komplett. Dieser Kurzschluss springt wie eine Welle von Nervenzelle zu Nervenzelle und kann durch das ganze Gehirn laufen. Einen solchen „Hirntsunami" hat Dreier aber nicht nur bei Schlaganfällen oder nach Schädel-Hirn-Traumata beobachtet, sondern auch im Kopf von Sterbenden.

Neurowissenschaftler gehen nun von der Möglichkeit aus, dass in diesem vermehrten Auftreten von Gammawellen bzw. *Entladungswellen* während eines Hirntsunamis eine Erklärung für Nahtoderfahrungen liegen könnte.

Gut, das hört sich dann ja doch nicht so dogmatisch und unmissverständlich an, dass diese Wellen nun für NTE verantwortlich sein müssten, wie entspreche Schlagzeilen in den Medien suggerierten. Fakt ist doch, dass erhöhte Aktivitäten von messbaren Gehirnwellen für derartige Erfahrungen keinesfalls notwendig sein müssen, weil nicht selten intensive NTE gerade dann gemacht wurden, als die Gehirnfunktionen und damit auch messbare Gehirnwellen stark eingeschränkt bzw. gar nicht mehr messbar waren (EEG-Nulllinie). Alle bisherigen Studien weisen doch ausdrücklich auf dieses der Schulmedizin so widersprechende Phänomen hin. Darüber hinaus müssen auch die beteiligten Forscher an der amerikanischen Studie einräumen, dass sie nicht in der Lage seien, *Korrelationen zwischen den beobachteten neuronalen Signaturen des Bewusstseins und einer entsprechenden Erfahrung bei denselben Patienten … herzustellen.* Und im Klartext heißt das, dass eben kein Zusammenhang zwischen diesen Gammawellen und Bewusstseinsprozessen während einer NTE hergestellt werden konnte, also alles reine Spekulation bleibt. *Wir können nicht ausschließen, dass der Anstieg der Gammawerte ein Zeichen für einen pathologischen Prozess ist, der nur in der Sterbephase auftritt und nichts mit der bewussten Verarbeitung zu tun hat,* so die Autoren der Studie.

So viel also zu den reißerischen Überschriften in den Medien für eine schulmedizinische Erklärung von Nahtoderfahrungen!

Diese Gammawellen sind wohl tatsächlich nur als ein *pathologischer Prozess* zu deuten, als eine Stress-situation kurz vor dem Tod, als ein letztes Auf-bäumen, Aufleuchten des Gehirns vor dem Ende. Das Herz schlägt in Stresssituationen schneller und diese Stresssituation des nahenden Endes ist dann möglichweise auch der Grund für diesen Anstieg der Gammawerte.

Und wie sollte man letztendlich auch über diese Wellen schulmedizinisch das *Peak-in-Darien-Phä-nomen* erklären können? Wie sollte man Eben Alexanders Schwester deuten?

Der medizinische Fortschritt sichert heutzutage vielen Todeskandidaten ein Weiterleben. Warum berichten dann aber nur knapp 20 Prozent von jenen Erfahrungen. Sollten diese Wellen der Grund für NTE sein, um uns das Dahinscheiden zu *versüßen,* dann müssten doch eigentlich viel mehr Menschen, die schon einmal klinisch tot waren, davon berichten. Wäre es nicht *ungerecht,* wenn nicht alle davon profitieren könnten?

Und warum sollte man auch während eines *Hirntsunamis,* einer Komplettentladung der Gehirnzellen, so klare Wahrnehmungen haben? Das wäre ja fast so wie bei einem Computerabsturz. Und genau dann soll der PC (unser Gehirn) am besten funktionieren? Ich komme nicht umhin, aber da passt doch wieder einmal nichts richtig zusammen. Ist es nicht vielmehr nur ein weiterer hilfloser Versuch, NTE ausschließlich im Gehirn verorten zu wollen? Das alte Weltbild muss doch einfach stimmen. Dass unser Gehirn auf dieser *Lebensbühne* Welt wohl doch eher so etwas wie eine Vermittlungsstation für jenes grenzenlose göttliche Bewusstseins ist und dass wir auch ohne ein funktionierendes Gehirn auf jene andere Wirklichkeit blicken können, liegt das so außerhalb jeglichen schulmedizinischen Vorstellungsvermögens bzw. jeglicher Vorstellungsbereitschaft? Entsprechende Studien legen doch den Schluss nahe, dass dies durchaus möglich sein kann. Warum findet eine solche Option in maßgeblichen schulmedizinischen Kreisen so wenig Anklang? Nur, weil man dadurch alte Wissensgewohnheiten über Bord werfen müsste?

Bemühen wir noch einmal die katholische Kirche. Mit welcher Selbstverständlichkeit und

Verbissenheit hat sie ihre Vorstellungen versucht als alternativlos darzustellen:

Zu behaupten, die Sonne stehe unbeweglich im Mittelpunkt der Welt, ist absurd, philosophisch falsch und außerdem ketzerisch, weil es ausdrücklich der Heiligen Schrift zuwider ist (31).

Zeugte es nicht von Größe, die Schulmedizin würde nicht mehr mit dieser fast schon als infantil zu bezeichnenden Bockigkeit die Augen vor der Option eines anderen Bewusstseinsverständnisses verschließen?

Vielleicht liegt ja auch in dieser rigorosen Sichtweise, in diesem scheinbar so unumstößlichen Paradigma mit ein Grund, warum sich immer mehr nachdenklich gewordene Schulmediziner dem Phänomen NTE widmen. Zu viele Fragen bleiben schulmedizinisch einfach unbeantwortet bzw. Antworten greifen zu kurz, wirken konstruiert, teilweise auch schlicht unlogisch.

Dass Bewusstseinswahrnehmungen allem Anschein nach auch während einer EEG-Nulllinienphase möglich sind, dies lässt jedenfalls doch den einen oder anderen Schulmediziner zumindest aufhorchen. Nur verebbt dieses erste Interesse dann leider häufig genug wieder mit der Begründung, dass NTE dann wohl kurz vor oder nach einer EEG-Nulllinienphase gemacht würden, also dann, wenn das Gehirn kurz vor dem *Knockout* steht bzw. aus seinem todesähnlichen Zustand wieder *hochfährt*. Studien zeigen allerdings, dass sich Patienten nach einer Bewusstlosigkeit gerade an diese Zeit des Aufwachens nicht erinnern können. Das Gehirn braucht halt eine gewisse Zeit, manchmal Stunden oder sogar Tage, um wieder hochzufahren. Warum sollte dann aber ausgerechnet in dieser Phase ein so ultrareales Bewusstsein möglich sein? Ja, warum sollte es?

Sicherlich ist eine präzise zeitliche Zuordnung zwischen dem Ausfall der Gehirnfunktionen und einer NTE nicht immer möglich. Da gebe ich den Skeptikern recht. Aber dies bedeutet im Umkehrschluss doch auch, dass eine solche Erfahrung dann genauso gut auch während einer EEG-Nulllinienphase gemacht werden könnte, oder zumindest Teile davon.

Dass jene Gamma- bzw. Entladungswellen der Grund für NTE sein könnten, suggeriert fälschlicherweise auch, dass entsprechende Erfahrungen nur in dieser speziellen Todessituation gemacht werden können. Wir wissen aber, dass Todesnähe zwar ein wesentlicher, aber nicht der einzige

Trigger für diese wundersamen spirituellen Erfahrungen sein muss.

Zusammenfassend bleibt daher festzuhalten, dass

- Gammawellen bzw. jene *Entladungs-Wellen* als Erklärung für NTE die beteiligten Wissenschaftler selbst relativiert haben,

- Halluzinationen ausgelöst durch Sauerstoffmangel und/oder Medikamente als Erklärung ausscheiden,

- Wahrnehmungen während eines Ausfalls der Gehirnaktivität (EEG-Nulllinie), insbesondere auch das *Peak-in-Darien-Phänomen,* schulmedizinisch nicht erklärbar sind.

Eben Alexander analysierte aus dem Blickwinkel eines Neurowissenschaftlers ebenfalls alle nur vorstellbaren Hypothesen für eine schulmedizinische, materialistische Erklärung seiner außerordentlichen Nahtoderfahrung. Er ist zu dem Schluss gekommen, dass es schulmedizinisch einfach nicht zu erklären ist.

Ich bin mir daher ziemlich sicher, dass in nicht allzu ferner Zukunft Nahtoderfahrungen mit all ihren Facetten als ein schwergewichtiges Indiz gewertet werden **müssen**.

Von daher ist es sicherlich auch nicht vermessen zu behaupten, dass Nahtoderfahrungen eindeutig die Hypothese eines Gehirnbewusstseins widerlegen. Und nicht nur deshalb, sondern auch bei Demenz-Patienten *(Demenz ist ein krankheitsbedingter erworbener Verlust von Leistungen der höheren Gehirnfunktionen)* können wir mitunter kurz vor dem Tode noch etwas im wahrsten Sinne des Wortes Wundersames erleben (32). Trotz eines häufig jahrelangen Dämmerzustands ist es nämlich möglich, dass diese Patienten für kurze Zeit wieder bei vollem Bewusstsein sind und normale Gespräche führen können: *Eine Frau wird seit Jahren aufgrund einer Alzheimer-Erkrankung von ihrer Tochter gepflegt. Die Patientin ist schon lange nicht mehr ansprechbar und erkennt offenbar weder ihre Tochter noch andere Personen. Doch kurz vor dem Tod der Mutter passiert etwas Seltsames: Plötzlich beginnt die Frau, sich ganz normal mit ihrer Tochter zu unterhalten — so als wäre nie etwas gewesen. Wenige Minuten später stirbt sie.*

In der Wissenschaft bezeichnet man dieses Phänomen einer geistigen Klarheit kurz vor dem Tod als terminale oder paradoxe Klarheit. In der Literatur findet man dazu zahlreiche Beispiele, die mitunter bis weit ins 19. Jahrhundert zurückreichen. Was das Phänomen so rätselhaft macht, ist, dass es selbst bei Patienten auftreten kann, die an schweren degenerativen Erkrankungen leiden. Beschrieben wurde es nicht nur bei Demenz-Patienten, sondern auch bei Patienten mit Hirntumoren, Schlaganfällen, Meningitis und bei Komapatienten, die kurz vor dem Tod ein letztes Mal aufwachten.

Selbst wenn die *Schaltkreise* im Gehirn also nicht mehr funktionieren, kann der Mensch für kurze Zeit wieder der sein, der er einmal war. Warum und wie es dazu kommt, ist schulmedizinisch bislang noch nicht erforscht.

Ja, dann wird es aber langsam Zeit! So könnte man meinen. Aber vielleicht ist das Interesse daran ja auch gar nicht so groß. Wer weiß, was dabei herauskommen könnte? Unser schönes Weltbild!

Wenn der Geist — das Bewusstsein (oder die Seele) — weiter existieren und funktionieren kann, auch wenn das Gehirn … nicht mehr funktioniert, dann besteht die Möglichkeit, dass Bewusstsein eine separate, von der Wissenschaft unentdeckte Instanz ist, die nicht von den üblichen elektrischen oder chemischen Prozessen im Gehirn hervorgebracht wird, wie wir sie basierend auf dem heutigen Stand der Neurowissenschaften verstehen.

So abschließende Worte von Sam Parnia in seinem Buch *Der Tod muss nicht das Ende sein* (33).

Sagt Ihnen der Name **DOBRIN** etwas? Wahrscheinlich nicht! Oder wussten Sie, dass es sich dabei um eine polnische Stadt mit dem heutigen Namen **Dobrzyń** handelt. Die Stadt gehörte in der Zeit von 1939 bis 1945 zum Deutschen Reich. Zu jener Zeit hieß die Stadt Dobrin.

Warum erzähle ich Ihnen das? Nahtoderfahrungen sind ja allem Anschein nach so etwas wie ein Tor zu jener größeren Wirklichkeit, in die wir einmal zurückkehren werden. Nur, bleiben wir dann dort oder kehren wir möglicherweise mit einem neuen Leben wieder auf die Welt zurück? Nicht nur Buddhisten glauben ja an Reinkarnation, an Wiedergeburt, sondern auch immer mehr Menschen in unseren westlich geprägten Breitengraden. Buddhisten glauben überdies, dass wir so lange wiedergeboren würden, bis wir sozusagen alles auf der Welt gelernt hätten, um danach dann ins ersehnte Nirvana eingehen zu können. Aber das dauert natürlich seine Zeit, könnte man jetzt mit einem leichten Augenzwinkern anmerken.

Gesetzt den Fall, es wäre so, dann bedeutet das natürlich auch, dass wir mit an Sicherheit grenzender Wahrscheinlichkeit auch schon einmal gelebt haben. Spannendes Thema! Und das Spannendste daran ist, dass es anscheinend möglich ist, in jene früheren Leben *zurückgeführt* zu werden, jene frühere Leben wieder aufleben zu lassen. Und genau das wollte ich natürlich einmal ausprobieren. Vielleicht ließen sich dadurch ja auch Fragen beantworten, die ich mir immer schon gestellt habe. Warum verspüre ich einen so starken Hang zum Osten hin? Warum nimmt mich auch jene Zeit so gefangen, als die Stadt noch Dobrin hieß? Ich kann es mir beim besten Willen nicht erklären. Auch nicht, warum mich immer wieder bestimmte Namen, Dinge, Ereignisse so tief berühren können, dass mir die Tränen nur so fließen. Anderes hingegen lässt mich kalt. Warum ist das so? Und warum ist es bei anderen so ganz anders?

Gesagt, getan! Die Rückführungs-Sitzung bei einer netten Frau dauerte mehrere Stunden. Überrascht war ich, weil ich wider Erwarten nicht in tiefer Hypnose war, sondern vielmehr in einem Zustand großer Entspannung. Unterschiedlichste Bilder in absoluter Klarheit tauchten auf meiner Reise ins Innere auf, Feldflugplätze, Gebäude, Doppeldecker-Flugzeuge, ein großes Feuer und wie aus dem Nichts visualisierte sich auch ein Ortsschild, auf dem klar und deutlich **DOBRIN** stand. Mehr passierte eigentlich nicht.

Aber wieso tauchte ausgerechnet dieser Ort in Polen auf, ein Land, das ja bekanntlich im Osten liegt? Ich habe diesen Namen nie zuvor gehört, war auch noch nie in Polen gewesen. Schon merkwürdig!

Ich weiß zwar bis heute nicht, welche Bedeutung dieser Ort vielleicht einmal für mich hatte oder ob er überhaupt eine hatte, trotzdem ist es ja gut möglich, dass dieser Ort in einem früheren Leben einmal bedeutsam für mich war. Wäre er sonst vor meinem geistigen Auge aufgetaucht? Allem Anschein nach muss ich wohl auch zu jener früheren Zeit mit einem Flugzeug abgestürzt sein, nahm ich doch aus einer gewissen Distanz heraus ein großes Feuer an der Absturzstelle wahr, das ich wie gebannt und seltsam fasziniert anstarrte. Verstehen konnte ich das alles nicht, war gefangen in dieser so merkwürdigen Situation. Aber vielleicht öffnete sich ja auch hier wieder ein Tor zu jenem grenzenlosen Meer. Dieser Ort Dobrin, der Flugzeugabsturz, waren es vielleicht doch Spitzen einer Schaumkrone jenes grenzenlosen Meeres, die Schaumkrone eines früheren Lebens?

Denkbar wäre es ja, geben sie doch zumindest auch einen kleinen Hinweis auf meine *Vorlieben* für Osteuropa und auf jene Zeit, als die Stadt noch Dobrin hieß.

Vielleicht sind so ja auch folgende Ereignisse zu deuten, Ereignisse aus einer *anderen* Wirklichkeit, aus früheren Leben.

Vor vielen Jahren hatte ich einen Traum, einen mir immer noch sehr präsenten Traum:

Der blaue VW Käfer hielt vor einem altehrwürdigen Gebäude in Duisburg. War es ein Dom, ein Rathaus?

Ich wusste es nicht.

Ich stieg aus und meine Freunde waren auch schon da. Wir wollten zu einer Hochzeitsfeier …

Das imposante Gebäude aus jenem Traum habe ich noch immer klar vor Augen und genau deshalb habe ich mir auch einmal vorgenommen, nach Duisburg zu fahren, um eben dieses so markante Gebäude zu suchen. Ich war mir nämlich ziemlich sicher, es dort auch zu finden.

Im Regionalexpress nach Duisburg beschlich mich schon ein seltsames Gefühl, umwehte mich ein mystischer Hauch zwischen Traum und Wirklichkeit. Bochum, Wattenscheid, Essen. Als ich in Duisburg ausstieg, strebte ich zielstrebig die Fußgängerzone an. Ich ging die Königstraße hinunter. Schaute nach links, nach rechts. Nichts, was auf das Gebäude hätte hinweisen können. Ich ging weiter mit einem Gefühl des Spürens, ja, des Wissens. Und plötzlich tauchte es auf. Ich erkannte das monumentale Gebäude, das Rathaus, mit der danebenstehenden Salvatorkirche sofort wieder und an der Tür des Rathauses war ein Schild angebracht mit der Aufschrift: STANDESAMT.

Vermutlich denken Sie jetzt, dass ich irgendwann einmal in dieser Stadt war, vielleicht als Kind, und dieses Gebäude unbewusst wahrgenommen und irgendwo im Gehirn abgespeichert habe. Klar, könnte so gewesen sein. Aber ich bin mir absolut sicher, dass ich nie zuvor in dieser Stadt war. Und Urlaub macht man ja auch nicht unbedingt in Duisburg. Ich spüre es einfach, dass dieser Traum etwas Besonderes war. Und dies wirkt bis heute nach. Gleich wie auch ein anderer Traum, als ich in einem Bildband das Panorama der Stadt Dresden wiedererkannte. In Dresden war ich definitiv auch noch nie gewesen und als ich jenes träumte, war an eine Wiedervereinigung der beiden deutschen Staaten noch gar nicht zu denken, die Stadt an der Elbe in der ehemaligen DDR so fern und unerreichbar wie eine *fremde* Welt. Sicher bin ich mir von daher auch, weder Fotos noch Bücher über diese Stadt schon einmal bewusst wahrgenommen zu haben, bis eben zu jenem Zeitpunkt nach der Wende, als ich dieses Foto entdeckte und mein Traum plötzlich wieder so präsent wurde.

Wundersame Parallelen dazu zeigt auch folgendes *Déjà-vu-Erlebnis* eines Freundes. Er war für ein paar Tage in Lissabon und an einem sonnigen Nachmittag, als er die Rua do Carmo in der Unterstadt entlangbummelte, fühlte er sich plötzlich wie vom Blitz getroffen. Er habe, wie er mir glaubhaft versicherte, einen bestimmten Ort nahe des Elevador de Santa Justa wiedererkannt. Der Ort tauchte klar und deutlich vor seinem geistigen Auge auf, bevor er ihn tatsächlich erreichte. Es sei ein merkwürdiges und doch auch sehr vertrautes Gefühl gewesen. Auch er war an diesem Ort noch nie zuvor gewesen und doch war es wie ein Heimkommen.

Transzendente, über das Gehirnbewusstsein hinausgehende Erklärungen für solcherart Erlebnisse schließt die offizielle Wissenschaft natürlich aus. Unser Gehirn gaukele uns auch in diesen Fällen nur wieder etwas vor, da insbesondere *Déjà-vu-Erlebnisse* besonders häufig unter Stress, Schlafmangel oder anderweitig belastenden

Situationen aufträten und sich bei einer unbewussten Informationsverarbeitung im Gehirn eben Fehler einschleichen könnten (34).

Mein Freund war übrigens rein privat in Lissabon und überhaupt nicht gestresst.

Haben Sie vielleicht auch schon einmal Ähnliches erlebt? Aber schnell wieder verdrängt, weil es so gar nicht zu unserer Vorstellungswelt passt?

Der Diplompsychologe und Psychotherapeut Thorwald Dethlefsen (35) war einer der bekanntesten Vertreter der sogenannten *esoterischen Psychologie*. In seinen Büchern befasste er sich unter anderem auch mit dem Thema Wiedergeburt. Er versetzte in diesem Zusammenhang zahlreiche Menschen in Hypnose und führte sie in *frühere* Lebenssituationen zurück. Und das, was jene dort dann erlebten, ist schon mehr als beeindruckend. Schilderten sie doch auf eine mitunter höchst emotionale Weise, wie sie ihre eigene Vergangenheit, ihre Jugend, ihre Kindheit, ja, ihre eigene Geburt wiedererlebten. Gut, das muss ja noch nicht unbedingt so spektakulär sein, betrifft es doch lediglich das gegenwärtige Leben. Aber darüber hinaus erlebten, durchlebten und durchlitten sie auch Lebenssituationen, die sie so noch nicht erlebt haben konnten. War es bei mir der Ort Dobrin, so wurden bei jenen Hypnotisierten andere Örtlichkeiten, Personen oder Gegenstände aus *früheren* Leben quasi wieder real.

Auszug aus einem Rückführungsprotokoll:
(rP: rückgeführte Person, H: Hypnotiseur)

rP: … wir sind ein Stamm.
H: Wie heißt dieser Stamm?
rP: Makkabäer

H: Erzähl mir etwas über diesen Stamm.

rP: Wir haben Zelte — mein Vater ist ein sehr mächtiger Mann.

H: Wie heißt er?

rP: Hohas, glaube ich.

H: Du stehst jetzt vor deinem Vater und du wirst ihm irgendetwas sagen, und zwar so, wie du zu ihm sprichst, in der Sprache, in der du normalerweise sprichst.

rP: … Honaihn — ich darf eigentlich gar nicht mit ihm sprechen.

H: warum nicht?

rP: Man muss warten, bis er etwas spricht …

H: Wie bist du bekleidet?

rP: Ich hab was ganz Grobes — Sandalen und grobes Stück Schaffell …

So ein kurzer Auszug aus einem längeren Dialog.

Ich frage mich, kann man sich so etwas ausdenken? Wie kommt man bei solch einer Rückführung ausgerechnet, wie in meinem Fall, auf den Ort Dobrin bzw. auf Makkabäer, also auf *Kämpfer,* die Palästina rund einhundert Jahre lang (164 bis 63 v. Chr.) beherrschten? Warum sollte sich unser Gehirn so etwas ausdenken, so etwas abspulen ohne jede Relevanz, ohne jeden Bezug zu irgendetwas? Häufig sprachen die rückgeführten Personen auch in einem ihnen nicht geläufigen Dialekt, mitunter sogar in einer nie erlernten historischen Fremdsprache. Oft veränderte sich auch ihre Stimme, junge sprachen dann wie alte Menschen, alte wie junge, je nachdem welches Lebensalter sie gerade durchlebten. Sie verstanden Fragen nicht bzw. reagierten nur verständnislos, wenn der Hypnotiseur sie nach bestimmten Gegenständen fragte, die es zu jener das frühere Leben betreffenden Zeit noch gar nicht gab. Der Gesichtsausdruck war schon mehr als fragend verständnislos, als Personen, die sich gerade in einem Leben im Mittelalter wähnten, nach der Marke ihrer Waschmaschine gefragt wurden.

Alles nur Fantasie, Einbildung, Information ohne Substanz?

Scheinbar sind aber Hypnose- bzw. besondere Ruhe-Zustände gar nicht unbedingt notwendig, um einen Blick auf frühere Leben werfen zu können. Kleinere Kinder können sich häufig wie selbstverständlich und klar an Fakten und Erlebnisse erinnern, die sie in ihrem bisherigen kurzen Leben unmöglich so kennen und erlebt haben konnten. So liegen über 2000 dokumentierte Fälle vor, bei denen sich Kinder an frühere Existenzen erinnerten, und diese Erinnerungen

konnten überprüft und bestätigt werden (36).
Und der amerikanische Reinkarnationsforscher
Ian Stevenson führt in seinem Buch *Reinkarnation
in Europa* (37) weitere beeindruckende Beispiele
für Reinkarnation im europäischen Raum an. Damit entkräftet er auch nachdrücklich einen immer
wieder erhobenen Vorwurf von Kritikern des Reinkarnationsgedankens, dass sich entsprechende
Beispiele zumeist auf den überwiegend buddhistisch geprägten asiatischen Raum bezögen und
nur von daher auch zu interpretieren seien.
Sehr gerührt hat mich zum Beispiel die Geschichte eines früh verstorbenen kleinen italieni-
schen Mädchens: Nach dem tragischen Tod hatte
die trauernde Mutter ein wundersames Erlebnis.
Die verstorbene Tochter erschien ihr im Traum
und offenbarte ihr, dass sie wiederkommen
werde. Die Frau wurde tatsächlich wieder
schwanger und brachte ein gesundes Mädchen
zur Welt, das ihrer verstorbenen Schwester sehr
ähnlichsah. Jahre später erklang aus dem Kinderzimmer wie aus dem Nichts ein französisches
Schlaflied. Dieses Lied hatten die Eltern ihrer
Tochter nie beigebracht und der französischen
Sprache war sie auch nicht mächtig. Und doch
sang sie es auf Französisch. Ihre **verstorbene**

Schwester hatte dieses Lied einst von einem französischen Kindermädchen erlernt.

Geschichten wie diese könnten natürlich auch frei erfunden sein. Möglich ist alles! Aber warum sollte Stevenson dann so etwas in seinem Buch veröffentlichen? Schließlich war er nicht nur ein renommierter Professor an der Universität von Virginia, sondern galt auch als die weltweit anerkannteste Kapazität auf dem Gebiet der wissenschaftlichen Reinkarnationsforschung.

Ein weiteres bekanntes und auch gut dokumentiertes und nicht weniger verblüffendes Beispiel offenbart sich auch in der Lebensgeschichte eines kleinen amerikanischen Jungen namens James Leininger, der am 10. April 1998 in Dallas geboren wurde.

In seiner frühen Kindheit spielte dieser Junge liebend gerne mit Flugzeugen. Aber das muss natürlich noch nicht unbedingt etwas Verblüffendes sein. Auffällig war aber, dass es sich dabei immer um Propeller-Flugzeuge handelte, die so gar nicht seiner Lebenswelt entsprachen. Höchst merkwürdig, ja, besorgniserregend wurde das Ganze jedoch, weil er nachts immer und immer wieder von Albträumen geplagt wurde. Er sah sich dann in solch einer Propellermaschine, mit der er brennend ins Meer stürzte. Dabei schrie er immer ganz panisch:

*Flugzeugabsturz! Alles in Brand! Kleiner
Mann kann nicht raus.*

Als sich seine besorgten Eltern eingehender mit seinen Albträumen befassten, kamen geradezu unglaubliche Details zutage. Der kleine James konnte mit einer bemerkenswerten Genauigkeit beschreiben, wie sein Flugzeug von Japanern im Zweiten Weltkrieg abgeschossen wurde, konnte sogar den Flugzeugtyp benennen, das Schiff (ein Flugzeugträger), von dem er gestartet war, und erinnerte sich an zahlreiche Namen ehemaliger Kameraden, die ebenfalls auf dem Schiff dienten. Sein skeptischer, stark christlich geprägter Vater – von daher sicherlich kein Anhänger des Reinkarnationsgedankens – hat dies alles akribisch nachgeprüft. Und alles stimmte! Der kleine Junge konnte unmöglich all diese Details kennen, die exakt auf das Leben eines im letzten Weltkrieg gefallenen amerikanischen Piloten namens James M. Huston Jr. schließen ließen, der 1945 im Pazifik vom Flugzeugträger *USS Natoma Bay* aus zu einem Feindflug startete und von Japanern abgeschossen wurde. Aber damit nicht genug! Ein ehemaliger Kamerad dieses Piloten überlebte den

Krieg und auch eine Schwester von ihm. Beide konnte der Vater ausfindig machen und sie haben all das bestätigt, was der kleine James da zu erzählen wusste. Ein schier unglaublicher Fall!

Und so ließen sich noch zahllose andere Beispiele anführen, die eigentlich nur den Schluss zulassen, dass solch wundersame *Erinnerungen* an frühere Leben, auch jene besonderen Träume und Déjàvus als weitere Indizien zu werten sind, die in der Summe nun eigentlich schon für eine Verurteilung, für eine Beantwortung unserer großen Frage ausreichen müssten. Aber am Ende unserer Indizienkette sind wir noch nicht.

Wie schon angedeutet werden Sie in christlichen Gottesdiensten wohl eher nichts über Wiedergeburt, über Reinkarnation, hören. Für Christen ist das offiziell kein Thema. Und doch, so merkwürdig sich das jetzt auch anhören mag, hat wohl Jesus selbst darüber gesprochen. Das mysteriöse *Evangelium des vollkommenen Lebens* (38) lässt schon sehr aufhorchen, denn darin habe angeblich Johannes, Jesu Lieblingsjünger, die Worte seines Meisters so aufgeschrieben, wie er sie tatsächlich verkündete, mit eindeutigen Hinweisen:

Und wer immer für die Kleinsten von ihnen sorget und gibt

ihnen Speis und Trank, als sie nötig haben, der tuet dieses mir, und wer es duldet, dass sie Hunger leiden, und sie nicht schützt, wenn sie misshandelt werden, erleidet dieses Übel, als ob er es mir zugefügt hätte. Denn ebenso wie ihr in diesem Leben getan habt, so wird es euch im **kommenden Leben** *getan werden.*

Und zu einem Blinden, den er heilte, sagte er mahnend: *Du kannst nicht sehen durch die Wände deines Hauses, noch lesen die Gedanken deiner Mitmenschen, noch verstehen die Sprache der Vögel oder wilden Tiere. Du kannst nicht einmal die Ereignisse deines* **früheren Lebens**, *deine Empfängnis oder deine Geburt in dein Gedächtnis zurückrufen.*

Und auf die Frage, was er, Jesus, vom Leben lehre, erwiderte er: *Selig sind, die viele Erfahrungen durchmachen, denn sie werden durch Leiden vollkommen werden. Sie werden sein wie die Engel Gottes im Himmel, und sie werden nimmer sterben noch werden sie* **wiedergeboren** *werden, denn Tod und Geburt haben keine Herrschaft mehr über sie.*

Auch im bekannteren *Thomas-Evangelium* finden sich Hinweise auf Wiedergeburt (39).

In der Bibel wird man diese Texte vergeblich suchen, da sie vor den kritischen Augen der katholischen Kirche keine Gnade fanden. Und das gilt bis zum heutigen Tage. Wahrheiten werden eben oft so hingebogen, wie man sie braucht.

Was wohl Buddhisten von diesem christlichen Ausschlussprinzip halten? Sie würden sich wahrscheinlich nur verwundert die Augen reiben, so selbstverständlich wäre das Thema Wiedergeburt für sie. Und genau deshalb wollte ich es auch einmal etwas genauer wissen und habe ein Seminar über Buddhismus besucht.

In Anbetracht der Anzahl der Teilnehmer war ich schon recht erstaunt, wie viele Menschen sich für diese fernöstliche Religion interessierten. Scheinbar muss es für viele faszinierender und auch inspirierender sein als die eigene christliche Religion mit ihren oft unverständlichen Dogmen und vielfach fragwürdigen Verboten.

Den Dalai Lama kennen Sie vielleicht, diesen mitunter schelmisch wirkenden älteren Herren, der immer solch eine scheinbar grenzenlose Freundlichkeit und Güte ausstrahlt. Der Dalai Lama ist übrigens nicht nur der spirituelle Anführer Tibets, sondern auch ein Mensch, der sich aus reinem Mitgefühl dazu entschlossen hat, wiedergeboren zu werden, um anderen Menschen zu dienen, zu helfen, sie auf den rechten Weg zu führen. Eigentlich hätte er als ein *erleuchtetes* Wesen gar nicht mehr erneut auf die Welt gemusst, hätte den Kreislauf der Wiedergeburten durchbrechen können.

Schon verblüffend, mit welcher Selbstverständlichkeit, mit welcher Normalität in dieser Religion von Reinkarnation gesprochen wird.

Na ja, der Buddhismus ist schon sehr speziell. Dieses Gefühl beschlich mich während des Seminars nicht nur einmal. Oder wie würden Sie das empfinden, in der erfüllten Liebe zu einem nahestehenden Menschen etwas im Grunde Leidvolles zu sehen?

Oder hatte ich da etwas falsch verstanden? Was sollte das nur wieder für einen Sinn haben? Hört sich ja fast so merkwürdig an wie christliche Glaubensvorstellungen von der *Jungfrauengeburt* oder dem *Heiligen Geist*, der tosend über die Welt brauste. Warum glauben Buddhisten so etwas?

Versteht man aber erst einmal ein paar Hintergründe, so hört sich das dann gar nicht mehr so kurios und weltfremd an. Buddhisten unterscheiden nämlich zwischen der sinnlich *anhaftenden* Liebe als Ausdruck zweiseitiger Verbundenheit, also zum Beispiel der Liebe zu einem nahestehenden Menschen, und der selbstlosen, leidenschaftslosen und umfassenden Liebe, die geprägt ist durch Wohlwollen und Güte allen Lebewesen

172

gegenüber. Und weil sich sinnlich anhaftende Liebe immer auf eine bestimmte Person bezieht, so muss sie auch leidvoll sein. Warum? Weil sich eben diese Liebe nur auf diese eine Person bezieht. Und eine solche Verbundenheit werde zwangsläufig Leid nach sich ziehen, denn man klammere sich an etwas, das garantiert nicht so bleibt, wie wir wünschten, dass es bliebe. Denken wir da nur an die unzähligen Scherbenhaufen so vieler hoffnungsvoll begonnener Beziehungen!

Für Buddhisten gibt es nichts, absolut nichts Beständiges. So stehen wir am Ufer eines Flusses und schauen bedächtig auf das träge dahinfließende Wasser und obwohl der Fluss im Moment des Betrachtens genauso aussieht wie in dem Moment zuvor, so ist das vorbeifließende Wasser nicht mehr jenes, das wir eben noch sahen.

Solcherart Gedanken mussten wohl auch den Begründer des Buddhismus, Siddhartha Gautama, ungefähr 500 Jahre vor Christi Geburt zu einer der berühmtesten buddhistischen *Weisheiten* inspiriert haben, nämlich das Leben *Leiden* bedeute. Und die Ursache für dieses Leiden liege allein in der menschlichen Gier begründet.

Damit hatte er sicherlich auch nicht ganz so unrecht, denn wollen wir nicht immer irgendetwas haben oder auch Bedeutendes sein, vor allem das, was wir nicht haben oder sind? Teenager wollen Superstars werden, Studienräte Oberstudienräte, Mieter Reihenhausbesitzer und Urlaub auf Malle ist zwar schön, aber die Malediven sind doch besser. Und zehn Hosen im Schrank reichen eh nicht. All das verteidigen wir dann mit einer mitunter unerbittlichen Verbissenheit, sichern es ab mit Mauern, Zäunen und Versicherungen, konservieren es und wollen partout nicht wahrhaben, dass wir letztendlich nichts, aber auch rein gar nichts festhalten können. Im Buddhismus wird dieses Unvermögen, etwas wahrhaft Dauerhaftes zu besitzen, mit dem Begriff der *Leere* umschrieben. Alles wird sich unweigerlich verändern, alles sind lediglich substanzlose, fließende, vergängliche Energien, nichts hat einen unveränderbaren, zeitlosen Bestand, weder wir Menschen mit all unseren Eigentümlichkeiten noch irgendwelche Dinge, ja nicht einmal die Welt an sich.

Kommt Ihnen das nicht bekannt vor? Genau das besagt doch auch die Quantenphysik, zeigt sich in jenem grenzenlosen Meer. Materie besteht halt nicht aus festen kleinen Kügelchen! Und William Shakespeare war ja bekanntermaßen auch ein weitsichtiger kluger Mensch:

Das Fest ist jetzt zu Ende.
Unsere Spieler, wie ich euch sagte, waren Geister
Und sind aufgelöst in Luft, in dünne Luft.
Wie dieses Scheines lockrer Bau
So werden die wolkenhohen Türme, die Paläste,
Die hehren Tempel, selbst der große Ball,
Ja, was nur Teil hat, untergehn,
Und, wie dieses leere Schaugepräng erblaßt,
Spurlos verschwinden.
Wir sind solcher Stoff wie der zum Träumen …

Und dieser scheinbar so unersättlichen Gier können wir nach buddhistischer Lesart nur dann entfliehen, wenn es uns gelingt, den *Kreislauf* der Wiedergeburten zu durchbrechen mit dem Ziel, im Nirvana aufzugehen. Dies schaffen allerdings nur jene Menschen, die sich von aller Gier befreien konnten. Und bis es so weit ist, müssen wir eben unzählige Leben leben. Somit ist die Wiedergeburt nicht etwa als eine Belohnung zu verstehen, noch einmal leben zu dürfen, sondern eher eine Konsequenz aus der Unvollkommenheit vergangener Leben.

Versuchen wir uns das einmal praktisch vorzustellen: Ein Mensch beraubt aus rein egoistischen Gründen eine arme Rentnerin, um seiner Gier nach grenzenlosem Konsum frönen zu können.

Dadurch baut er negatives *Karma* auf. Und Karma ist so etwas wie ein universelles Gesetz von Ursache und Wirkung, das heißt jede Handlung wie auch jeder Gedanke hat unweigerlich Folgen, die heute oder eben auch morgen, in künftigen Leben, wirksam werden können. Wie auch immer diese Folgen aussehen mögen, Ziel sei es zu erkennen, dass *böses schlechtes* Handeln – wie das Berauben einer Rentnerin – eine verabscheuungswürdige üble Tat war. Und erkennt man das nicht in diesem Leben, so muss man es eben im nächsten Leben lernen. Dies ermögliche einen Reifungsprozess mit dem Ziel, jene unsägliche Gier endgültig zu überwinden. Und dieser Prozess sollte mit einer größtmöglichen Achtung und Wertschätzung allem gegenüber einhergehen, da alles die gleiche Wichtigkeit bzw. Unwichtigkeit habe, so wie auch das eigene Leben.

So betrachtet erscheint Wiedergeburt als etwas sich selbst Erklärendes, ist also notwendig und auch sinngebend, denn wie sollte man dies alles in einem Leben erlernen? Vor allem auch, wenn man das Pech oder Karma hatte, schon ganz früh zu versterben.

Was sich für uns westlich-materialistisch geprägte Menschen so fremd, so mystisch, ja, geradezu phantastisch anhört, ist für Millionen von Buddhisten also etwas völlig Normales. Gelebte Kultur sozusagen! Dies etwa in einem buddhistischen Land in Frage stellen zu wollen, wäre fast so, als wollte man uns Deutsche davon überzeugen, auf unser liebstes Kind, das Auto, oder gar die Fußballbundesliga verzichten zu müssen. Absurd! Wahrscheinlich liegt gerade darin ja auch der Reiz dieser Religion, dass nach dem Tode eben nicht alles vorbei ist, dass es weitergeht auf einem Weg zum vollkommenen Menschen. Und dass dieser Weg nur gewaltfrei, frei von Gier und Hass und von Liebe geprägt sein kann, denn auch das kleinste Vergehen bewirkt schon negatives Karma und zieht leidvolle Leben nach sich.

Klingt doch eigentlich gar nicht so schlecht! Jedenfalls hoffnungsfroher, als im Fegefeuer oder der Hölle zu schmoren.
Auf den ersten Blick hört sich das alles jedenfalls logisch und nachvollziehbar an. Aber, ist es wirklich so einfach und *kantenfrei*?

Der kleine Justin schrie, wie er noch nie in seinem Leben geschrien hatte. Das siedend heiße Wasser lief über seinen Kopf, in seinen Mund, über seinen ganzen Körper ... Er war sieben Monate alt, als ihn seine Eltern sterben ließen. So geschehen in einer deutschen Großstadt im Jahre 2023. Oder war es 2013, 1996, 1983? Egal, es passierte zu jener Zeit in jener Stadt, hätte aber auch in jeder beliebigen anderen Stadt zu jeder beliebigen anderen Zeit passieren können. Es passierte einfach.

So, wie sich auch das Schicksal des kleinen Juri vollendete, nur dass er es mit seinen vier Jahren genauso wenig verstehen konnte wie seine Mutter, die ihm noch nicht einmal in der Stunde des Todes das Gefühl der tröstenden Nähe schenken durfte angesichts einer dunklen grausamen todbringenden Macht, der sie hilflos ausgeliefert waren. Aber Juri verstand auch nicht, warum uniformierte Männer seinen geliebten Vater vor seinen Augen erschlugen. Er verstand nicht, warum alle Menschen um ihn herum, die einen gelben Stern trugen, wie räudige Hunde von jenen Uniformierten in Güterwaggons getrieben wurden, sie in unbeschreiblicher Enge und Hitze, es war August 1944, in fensterloser Finsternis tagelang zu einem unbekannten Ort gefahren wurden. Er verstand nicht, dass Menschen während der Fahrt einfach starben und keiner mehr die Kraft hatte zu trösten. Er verstand nicht, warum er nichts zu essen, nichts zu trinken bekam, obwohl die

Uniformierten aßen und tranken. Er verstand nicht, warum er und seine Mutter bei der Ankunft wie Vieh in Gruppen aufgeteilt wurden. Er verstand nicht, warum sich alle nackt ausziehen mussten und in einen großen Raum getrieben wurden. Er verstand nicht, warum viele begannen zu beten. Er verstand nicht, warum er plötzlich beim Luftholen einen brennenden Schmerz verspürte. Und er verstand vor allem nicht, warum er in der explosionsartig anwachsenden Panik aus den Armen seiner Mutter gerissen wurde, ihn keiner mehr trösten konnte …

Juris Schicksal ist eines von sechs Millionen ermordeter Juden während der menschenverachtenden Zeit des Nationalsozialismus.
Haben nun aber wirklich Juri, die unzähligen Ermordeten totalitärer Systeme, das verbrühte Kind ihre Zustände selbst bewirkt, mussten sie allein wegen eines *selbstverschuldeten* negativen Karmas ein so schreckliches Schicksal erleiden? Ich kann es einfach nicht glauben, nicht verstehen. Auch nicht angesichts der buddhistischen *Leere*, nach der es ja auch ein beständiges *Ich* nicht geben kann, das im Jetzt die Verfehlungen der Vergangenheit ausbaden muss. Was soll dieses Karma dann aber bewirken? Es soll doch der

individuellen Entwicklung/Reife dienen. Bleibt also nicht mehr als ein fader Beigeschmack? Wäre es von daher nicht auch vorstellbar, dass etwa verbrecherisch handelnde Menschen Lebenssituationen schaffen, die für andere Menschen mitunter größtes Leid bedeuten? Menschen leiden also ausdrücklich nicht ausschließlich wegen eines selbstverschuldeten Karmas, sondern auch aufgrund verhängnisvoller Lebensumstände, die sie nicht selbst verschuldet haben. Beweisen, was richtig ist, kann es ja letztendlich keiner.
Sie merken, wenn man erst einmal anfängt zu fragen, zu hinterfragen!

Fassen wir noch einmal das Wichtigste zusammen: Auf dem Weg zur Beantwortung unserer großen Frage zeigt uns die Quantenphysik, dass wir so etwas wie Schaumkronen sind auf jenem grenzenlosen göttlichen Meer der Möglichkeiten. Nahtoderfahrungen deuten darauf hin, dass wir nach Verlassen der *Lebensbühne* Welt wieder eintauchen in jenes Meer, dieses so wundersame liebevolle Licht wahrnehmen und eine alles verbindende Einheit spüren können. Und Reinkarnation zeigt uns, dass wir allem Anschein nach eine Chance zur Weiterentwicklung auf dieser *Lebensbühne* Welt bekommen.

Eigentlich auch nur zu verständlich so eine Chance! Denn worin sollte auch ein tieferer Sinn des Lebens liegen, angesichts so unterschiedlicher Lebensverläufe wie der eines wohlhabenden Menschen, der 99 Jahre bei geistiger und körperlicher Klarheit und Gesundheit leben durfte, während ein anderer ärmlich und krank nach noch nicht einmal zwei Lebensjahren das Zeitliche segnen musste?

Würden wir tatsächlich nur einmal leben und der Tod das absolute Ende bedeuten, so dürfte man doch angesichts solch ungleicher Lebensverläufe nur verständnislos resignierend den Kopf schütteln.

Aber scheinbar ist es ja so nicht! Alle bisher angeführten Indizien weisen doch eindeutig auf einen ganz anderen, neuen Weg, der wahrlich nicht im sinnlosen Nichts endet, sondern vielmehr zeigt, dass das Leben Ausdruck eines ungeahnten größeren Prozesses in diesem grenzenlosen göttlichen Meer ist und Nahtoderfahrungen und frühere Leben Einblicke in jene andere größere alles verbindende liebevolle Wirklichkeit ermöglichen. Würden wir dies letztendlich als eine neue andere Wirklichkeit anerkennen, justierten wir unseren Blickwinkel neu, so müssten sich dann doch eigentlich auch materialistische Hardliner ernsthaft fragen, ob ihr Weltbild noch richtig sein kann. Waren wir uns vor Einsteins Relativitätstheorie nicht auch sicher, dass Zeit absolut ist, gleich für alle? Verstiegen wir uns nicht auch vor der Quantenphysik zu der Hybris, bald alle naturwissenschaftlichen Fragen geklärt zu haben?
Alles überholt, alles Schnee von gestern! Und genau deshalb vermag ich es auch nicht nachzuvollziehen, warum nach materialistischer Denkart alles, was nicht einer alle metaphysischen Fragen ausklammernden Dogmatik entspricht, so

unbedeutend, so belanglos sein soll. Insbesondere auch angesichts der Tatsache, dass Menschen praktisch aller Kulturen und Religionen zu allen Zeiten scheinbar wie selbstverständlich spirituelles Empfinden, Fragen nach Geist, Seele, nach göttlichen Vorstellungen als eines der *wesentlichsten* Merkmale unseres Menschseins ansahen und trotz aller Säkularisierung auch weiterhin ansehen. Schauen wir nur zurück auf die Mythologie unserer germanischen Vorfahren, die Götter wie Freya, Thor oder Wotan verehrten. Für die alten Ägypter war es der berühmte Sonnengott Re, bei den alten Griechen der Göttervater Zeus, um nur einige wenige zu nennen. Schauen wir aber insbesondere auch auf alle Religionen, polytheistische wie monotheistische, denen immerhin über achtzig Prozent aller Menschen auf der Welt angehören. All diesen Mythologien und Religionen ist doch dieser quasi spirituelle Unterbau gemein. Kann man dies alles einfach ignorieren? Zumal auch Ausführungen in diesem Buch frühere eher dunklere unbekanntere Räume zunehmend ausleuchten. Zu fragen ist doch auch, warum wir Menschen überhaupt in der Lage sind, solch tiefgründige spirituelle Fragen nach Gott, nach dem Jenseits, nach einer Sinnhaftigkeit stellen und ihnen auch noch ernsthaft nachgehen zu können? Wenn das doch alles sinnlose Fragen wären, warum können wir das dann? Wie ungleich logischer, schlüssiger und erträglicher wäre doch unser Menschsein, wenn wir diese Fähigkeiten, sollte es sich dabei tatsächlich um Luftschlösser handeln, erst gar nicht entwickelt hätten? Wie leicht ließe es sich dann leben, von jenem das Leben nur unnötig schwer machenden Ballast befreit zu sein. Schwimmen wie ein Fisch im Wasser, fliegen wie ein Adler am Himmel.

Und Alma, Milchkuh auf einer Weide bei Castrop-Rauxel, mag sie wohl auch an einen allmächtigen Kuh-Gott glauben?

Ist es von daher nicht eigentlich völlig unverständlich, warum so viele Menschen spirituelle, metaphysische Fragen als freundlich ausgedrückt sinnlos erachten? *Seele? Was soll das sein?* So eine Physikerin! Fehlt ihnen tatsächlich jeder Zugang dazu? Oder wollen sie aus ihrer atheistischen bzw. materialistisch fixierten Grundhaltung heraus erst gar nicht nach Toren suchen?

Jean-Paul Sartre (1905 – 1980), der berühmte französische Philosoph, Atheist und Mitbegründer des Existenzialismus, ging sogar so weit, uns Menschen wenig schmeichelhaft als *verwirrte*

Kreaturen zu bezeichnen, die in einen *absolut sinnfreien Raum* geboren würden, in dem es weder Orientierung noch Moral gebe. Nach dieser düsteren hoffnungslosen Sichtweise fallen wir tatsächlich aus jenem ominösen Nichts ins Leben, leben unser s*innloses* Leben und vergehen nach kürzerer oder längerer Aufenthaltsdauer auch wieder in diesem Nichts. Und wäre es so, so kann ich nur hoffen, der deutsche Philosoph Arthur Schopenhauer (1788 – 1860) irrte in seiner Sichtweise, dass es wirklich unglaublich sei, *wie nichtssagend und bedeutungsleer, von außen gesehen, und wie dumpf und besinnungslos, von innen empfunden, das Leben der allermeisten Menschen dahinfließt, es ein mattes Sehnen und Quälen, ein träumerisches Taumeln durch die Lebensjahre hindurch zum Tode ist, unter Begleitung einer Reihe trivialer Gedanken* (40).

Schon trübe, Schopenhauers Lebenssicht! Aber zum Glück ist Sartres Existenzialismus ja ein Irrweg. Jenes grenzenlose Meer als Ausdruck göttlichen Bewusstseins, Nahtoderfahrungen und Wiedergeburt als Zeichen jener größeren Wirklichkeit sind mehr als Belege dafür.

Und doch lassen sich, so mein Eindruck, zu viele Menschen nur bedingt oder gar nicht auf metaphysische Fragen ein. Und damit meine ich ausdrücklich nicht nur überzeugte Materialisten. Warum ist das nur so? Mag es vielleicht daran liegen, dass sie die Welt immerzu und ausschließlich aus dem Verständnis ihrer Alltags-Realität, ihrer vertrauten *Lebensbühne* heraus zu erklären versuchen? Ein Tisch ist doch ein Tisch, Materie zum Anfassen halt! Wie sollte man auch so etwas Selbstverständliches mit diesen ominösen abstrakten Wellen der Quantenphysik zusammenbringen? Und heißt es nicht auch, Erde zu Erde, Asche zu Asche, Staub zu Staub? Wie um alles in der Welt sollte es dann aber möglich sein, lang verstorbene Angehörige wiederzusehen? Und so weiter und so fort! Ja, wie sollte all das möglich sein? Denken wir in weltlichen Kategorien von Raum, Zeit und Kausalität, dann ist all das logischerweise nur als völlig irreal zu bezeichnen. Aber in jenem göttlichen Bewusstsein, in jenem grenzenlosen Meer gelten nicht unsere irdischen Gesetze, dort fließt alles zusammen, Vergangenheit, Zukunft und Gegenwart. Nahtoderfahrungen, Rückführungen, der Tod selbst heben Zeit und Raum auf, übertragen es auf eine transzendente andere Wirklichkeit. Alles wird möglich, was auf unserer *Lebensbühne* Welt unmöglich und widersprüchlich erscheint. Anders ist das alles nicht zu erklären. Ja, es erscheint unvorstellbar, aber eben auch nur aus dem Blickwinkel unseres weltlichen Denkens.

Eine junge Frau mit langen blonden Haaren erschien urplötzlich im Flur unserer Wohnung. Sie kam wie aus dem Nichts und verschwand auch genauso schnell wieder. Es erschien alles so wie selbstverständlich.

Nein, nein, es war nicht eine Freundin meines Sohnes, die mal kurz Hallo sagen wollte. Es war auch nicht die Nachbarin oder eine uns sonst bekannte Person. Aber wer war es dann? Vielleicht eine optische Täuschung, ein plötzlich auftauchendes Traumbild oder muss ich mir gar Sorgen um meine psychische Gesundheit machen? Noch merkwürdiger, ja, direkt mystisch wurde das Ganze, wenn man weiß, dass eine gute Bekannte von uns wie beiläufig erwähnte, dass sie diese junge blonde Frau auch schon einmal in unserer Wohnung bemerkt habe. Sie hielt diese Tatsache aber nicht unbedingt für so erwähnenswert, da es in ihrer lateinamerikanischen Heimat nichts Besonderes sei, mit solcherart *Erscheinungen* konfrontiert zu werden.

Was soll man nur dazu wieder sagen? Was bei uns größtes Erstaunen und schaurige Gefühle auslöst, scheint woanders auf der Welt fast schon irgendwie wieder normal zu sein. Schaut man aber auch hier einmal etwas näher hin, dann wird schnell deutlich, dass es sich bei solcherart Erscheinungen tatsächlich nicht um ein so außergewöhnliches Phänomen zu handeln scheint. Viele der berühmten Wallfahrtsorte auf der Welt hätten sicherlich nicht ihre spirituelle Bedeutung erlangt ohne jene wundersamen Vorkommnisse. Der 14-jährigen Bernadette Soubirous beispielsweise erschien laut Überlieferung am 11. Februar 1858 in einer Grotte unweit von Lourdes in Frankreich eine strahlend schöne Frau. Und dies ist der Anfang der Geschichte eines der wohl berühmtesten Wallfahrtsorte der Welt. Millionen von Menschen besuchten seitdem diesen scheinbar so magischen Ort. Die *Dame*, wie Bernadette sie nannte, erschien ihr insgesamt achtzehnmal innerhalb eines halben Jahres. Das erste Mal geschah es beim Holzsammeln (41):

Ich bemerkte eine Dame in Weiß, dann wurde ich ein wenig ergriffen, und da ich glaubte, vor einer Täuschung zu stehen, rieb ich mir die Augen, aber vergebens. Ich sah immer dieselbe Dame. (…) Ich warf mich auf die Knie und betete den Rosenkranz in Gegenwart jener schönen Dame. Nachdem sie den Rosenkranz mit mir gebetet hatte, gab sie mir ein Zeichen, näher zu treten, aber ich habe es nicht gewagt. Dann verschwand sie plötzlich.

Lourdes muss in der Tat ein magischer Ort sein, hat doch allein die katholische Kirche dort bisher rund siebzig Wunder als eindeutig bestätigt anerkannt. Schwerstkranke Menschen wurden im wahrsten Sinne des Wortes wie durch ein Wunder, sprich durch eine Spontanheilung, von ihren Leiden befreit. Bevor die Kirche allerdings eine solche Heilung als ein Wunder anerkennt, werden Experten zu Rate gezogen. Erst wenn diese bestätigen, dass eine solche Gesundung schulmedizinisch absolut nicht erklärbar ist, erst dann, also nach genauester Untersuchung des Falls, besteht die Chance, dass eine Heilung auch als ein Wunder offiziell anerkannt wird. Also, gar nicht so einfach, so ein Wunder auch als ein Wunder bezeichnen zu dürfen.

Lourdes ist nur ein bekanntes Beispiel für solch wundersame Erscheinungen. Ähnliches muss sich in Guadalupe, einem Stadtviertel von Mexiko-Stadt, und auch bei Fátima in Portugal ereignet haben. Auch diese Orte haben sich zu weltberühmten Wallfahrtsorten entwickelt. Und wie man sieht, kann man ja sogar selbst so etwas erleben. Aber da bin ich bestimmt kein Einzelfall. Nur erwähnen die meisten das wohl gar nicht erst, weil es sich so verrückt und

irrational anhört. Ich kann aber nur raten, nicht
verdrängen, darüber reden, es entlastet und befreit. Häufig berichten nämlich gerade Trauernde
von einem seltsamen Gefühl, dass sich naheste-
hende Verstorbene irgendwie mitteilen, Kontakt
aufnehmen möchten. Und dies erfolgt dann zumeist über Geräusche, Berührungen oder eben
auch durch solch ein quasi körperliches Erscheinen. Betroffenen erscheint das dann als absolut
authentisch, so, als wären Zweifel völlig unange-
bracht. Dieses Phänomen ist unter dem Begriff
Nachtoderfahrungen (After-Death-Communication)
bekannt und in der einschlägigen Literatur gut
dokumentiert (42):

*Ich war gerade dabei, den Holzboden in unserem Wohn-
zimmer aufzuwischen. Als ich eine Pause machen wollte
und aufschaute, sah ich ihn plötzlich, wie er in einiger Entfernung vor mir stand und in meine Richtung schaute. Ich
lief auf ihn zu und rief ihn bei seinem Namen, aber dann
war er plötzlich verschwunden.*

*Es geschah vor drei Jahren. Ich saß gerade in meinem Zim-
mer und war in ein Buch vertieft. Als ich aufblickte, sah
ich meine verstorbene Großmutter in voller Lebensgröße
vor mir. Ich erzählte dies tags darauf meiner Mutter. Sie*

erwiderte, dass es schön sei, gestern wäre doch ihr Geburtstag gewesen.

Erscheinungen von unbekannten, aber vor allem auch bekannten nahestehenden Personen scheinen also weitaus häufiger vorzukommen, als man sich das gemeinhin vorzustellen vermag. Laut einer aktuellen Studie zum Thema Nachtodkontakte (43) haben immerhin rund siebzig Prozent der Deutschen tatsächlich schon einmal einen oder mehrere Nachtodkontakte gehabt. Lassen wir uns auch hierbei nicht vom alten materialistischen Weltbild leiten, dann dürfte auch dieses Phänomen nicht wirklich verwundern. Denn sind uns diese Wahrnehmungen nicht auch schon aus Berichten über Nahtoderfahrungen bekannt? Berichten Betroffene nicht immer wieder auch davon, dass verstorbene Angehörige erscheinen, sie abholen, leiten wollen? Letztendlich besteht also gar kein so großer Unterschied zwischen Erscheinungen während einer NTE und im wachen Zustand. Wir können dieses Phänomen also irgendwie wahrnehmen, wie immer das auch möglich sein mag. Aber anscheinend sind wir ja in der Lage, auch hier wieder ein Tor zu öffnen zu jenem unbegrenzten göttlichen Meer. Und da in diesem Meer nichts verloren gehen kann, können wir jene *Erscheinungen* vielleicht auch als so etwas wie eine Botschaft an uns interpretieren.

Ich halte jedenfalls eine solche Erklärung für nachvollziehbarer, schlüssiger und auch angemessener als das wohl süffisante Schmunzeln materialistischer Zweifler, Besserwisser oder gar Alleswisser. Und einmal mehr erstaunt mich auch in diesem Fall wieder das Phänomen der passenden Puzzlestücke. Fängt man erst einmal an zu suchen, so findet man garantiert immer mehr passende Teile, die sich zu einem stimmigen Gesamtbild zusammenfügen. Und so erklären sich dann wohl auch folgende Erlebnisse: An einem verregneten Nachmittag saß ich mit meiner Lebenspartnerin bei einer Tasse Kaffee und wir unterhielten uns sehr intensiv und angeregt über meine im vorletzten Jahr verstorbene Mutter, zu der ich ein sehr inniges Verhältnis hatte. Während des Gesprächs erklang plötzlich Klaviermusik aus dem Nebenzimmer. Erst auf den erstaunten Hinweis meiner Partnerin fiel es auch mir auf. Wie von Geisterhand ausgelöst, hörten wir die Musik jener CD, die ich mir vormittags schon einmal angehört hatte. Wie war das möglich, keiner hatte die Play-Taste gedrückt? Und doch erklang wieder dieselbe Musik! Es erschien uns geradezu so, als sollte es ein Zeichen sein.

Das laute Prasseln eines aufgedrehten Wasserhahns weckte mich aus einem Mittagsschlaf. Ich war mir absolut sicher, dass das Wasser vor meinem Schläfchen nicht lief, der Hahn zugedreht war. Wäre ich dadurch nicht aufgeschreckt worden, es hätte für mich unschöne Konsequenzen gehabt. Ich habe es sofort gespürt, ja, gewusst, auch dies war ein deutliches Zeichen.

Freunde von uns haben ein Haus gekauft, das in den fünfziger Jahren gebaut wurde. Die Entscheidung war schnell gefallen, spürten sie doch sofort eine ganz besondere Beziehung zu diesem Haus. An einem schönen Wintertag entstand ein Foto von dem wunderschönen schneebedeckten Garten. Als sie sich das Foto (Abb. 7) anschauten, waren sie doch sehr erstaunt. Sahen sie doch nicht nur den traumhaften Garten, sondern im Foto spiegelte sich auch das Antlitz der Fotografin (rechts) und das einer älteren Frau (links). Nach einiger Recherche stellte sich heraus, dass in dem Haus auch einmal eine Frau bis ins hohe Alter lebte, eine Frau, die dieses Haus ebenso liebte wie die neuen Besitzer.

Abb. 7
Alte Frau und Fotografin

Unsere *Lebensbühne* und das grenzenlose göttliche Meer sind halt eins. Normalerweise erscheinen uns die Ebenen im Alltag wie getrennt, das Tor bleibt verschlossen. Nur, der Schein trügt!
Und wir sind noch nicht am Ende des Weges so wundersamer Dinge. Geisterbeschwörungen, spiritistische Sitzungen, Séancen, davon haben Sie bestimmt auch schon einmal gehört. Und dahinter verbirgt sich der wohl ernstgemeinte Versuch, Kontakt mit dem Jenseits aufzunehmen, mit Verstorbenen kommunizieren zu wollen.
Schaut man auch hier einmal etwas näher hin, so darf man sich schon wundern, was sich die

Menschen für eine solche *Kontaktaufnahme* so alles haben einfallen lassen. Und spiritistische Sitzungen müssen da eine ganz besondere Bedeutung haben. Aber auch über besonders *sensitive* Menschen, über ein sogenanntes *Medium,* soll es möglich sein. Die *Toten* sprächen dann nicht nur durch diese Personen, sondern sie erhielten mitunter sogar so konkrete Botschaften, dass sie diese dann in Bilder oder Musik umsetzen könnten. Ganze Musikstücke verstorbener Komponisten seien so entstanden oder Portrait-Zeichnungen lange verstorbener Menschen, die das malende Medium nicht kennen konnte (44):

Georgiana Houghton war davon überzeugt, dass eine wachsende Zahl von "Geistführern" ihre Hand lenkten ... Bei der Ausführung dieser Zeichnungen wurde meine Hand vollständig von Geistern geleitet, schrieb sie in einem Katalog zu einer selbst organisierten Ausstellung in der Londoner New British Gallery. Ich selbst hatte keine Vorstellung davon, was produziert werden würde, und ich wusste auch nicht, wenn ein Strich ansetzte, ob er auf- oder abwärts fortgeführt würde.

So die Erlebnisse von G. Houghton. Ja, es mag wohl tatsächlich nichts geben, was es nicht gibt. Und die Engländer scheinen da einen ganz besonderen Hang zu diesen *gruseligen*

Zusammenkünften zu haben. Na ja, so ein altes Schloss im Nebel bietet ja auch eine schaurig schöne Kulisse.

Aber schauen wir uns doch so eine spiritistische Sitzung einmal etwas genauer an.

Es liegt schon einige Zeit zurück, als ich mich mit drei Freunden zu einer solchen Sitzung verabredete. Wir trafen uns abends in meiner Wohnung, zündeten Kerzen an, zogen die Vorhänge zu, um uns vor neugierigen Blicken zu schützen. Wir schrieben Buchstaben und Zahlen auf Zettel und legten diese kreisförmig auf einen Tisch. Wir setzten uns darum und stellten ein umgedrehtes Glas in die Mitte.

Und nun wurde es doch ziemlich unheimlich, als wir die Augen schlossen und uns mental darauf konzentrierten, mit einem *Geist* Kontakt aufzunehmen. Es herrschte Totenstille. Wir legten nun alle den rechten Zeigefinger leicht auf das Glas und einer stellte die Frage, ob ein *Geist* mit uns Kontakt aufnehmen möchte. Sekunden der Konzentration und schaurigen Erwartung vergingen. Und plötzlich bewegte sich das Glas. Es bewegte sich im wahrsten Sinne des Wortes tatsächlich wie von Geisterhand geführt mit einer immer stärker werdenden Dynamik in Richtung bestimmter Buchstaben, die sich wundersamerweise auch zu Antworten zusammensetzten: *Ja!* Allen standen plötzlich Schweißperlen auf der Stirn. Einer der Beteiligten fragte, ob er schon einmal gelebt habe. Und wieder bildete sich ein *Ja* ab! Wo es denn gewesen wäre? *In Ahrweiler!* Wann er in jenem Leben gestorben sei? *1944!* Angeblich lägen seine sterblichen Überreste auf einem Friedhof in besagter Stadt ...

Wir hielten eine Zeitlang inne, berieten uns und brachen dann vorsichtshalber die Sitzung ab. Man weiß ja nie, was da noch so alles hätte passieren können.

Verwirrt waren wir, sehr verwirrt. Was war hier geschehen? Wurden wir Opfer einer unheimlichen bizarren Täuschung? Oder hatten wir tatsächlich Kontakt mit dem Jenseits? Ohne Frage beeindruckend war, wie sich das Glas bewegte. Das war schon sensationell! Erlebt man es nicht selbst, man mag es kaum glauben, so ungewöhnlich war es. Wir waren uns alle ziemlich sicher, dass sich das Glas nicht derart rasant bewegen konnte, nur weil wir das durch irgendwelche unbewussten Berührungen selbst verursacht hätten. Nein, eine solche Erklärung kann einfach nicht richtig sein. Da wirkte etwas, was uns unerklärlich war. So kann sich ein Glas nicht bewegen. Und noch lange danach durchströmte uns ein schauriges Gefühl in einer nicht enden wollenden Nacht des Diskutierens über all das. Was haben wir da nur erlebt?

Schon ziemlich brisant das Ganze! Ich möchte mir gar nicht erst ausmalen, wie viele Menschen durch solcherart *Geisterbeschwörungen* womöglich schon bis an den Rand des Wahnsinns getrieben wurden, weil sie die falschen Fragen stellten. Es ist doch nur zu verständlich, dass Antworten auf Fragen, wann denn beispielsweise der eigene Tod zu erwarten sei, gelinde gesagt verstörend wirken und möglicherweise zu sehr unbedachten Reaktionen führen könnten. Völlig zu Recht sollte man daher mit derartigen Praktiken sehr vorsichtig umgehen, um gerade auch Jugendliche zu schützen.

Was sich nun auch immer hinter diesen *gruseligen* Sitzungen verbergen mag, das können wir natürlich nicht mit letzter Sicherheit sagen. Es würde aber sicherlich der Sache nicht gerecht werden, dies alles nur als eine esoterische Spinnerei abzutun, quasi als eine verklärte Reaktion auf die naturwissenschaftliche Entzauberung der Welt, wie es Skeptiker immer wieder unterstellen. Es gibt weltweit einfach zu viele geradezu unglaubliche, auch verstörende Beispiele für solcherart Kontaktaufnahmen mit jener anderen jenseitigen Wirklichkeit. Wer jedoch all das nur wieder durch die materialistische Brille betrachtet, der kann es natürlich nur als vorsichtig ausgedrückt Blödsinn, als Firlefanz, brandmarken. Wir wissen aber auch, dass dem, der nur sieht, was er sehen will, wesentliche Farbnuancierungen verborgen bleiben. Und sollte er tatsächlich glauben alles zu sehen, so muss das ja nicht unbedingt auch so richtig sein. Denken wir da nur an die Quantenphysik, fragen Kant oder auch unseren großen Dichterfürsten Goethe:

Freund, weil du die Augen offen hast, glaubst du, du siehst.

Skeptiker einer spirituellen Weltsicht weisen immer wieder darauf hin, dass spirituelle Erfahrungen naturgemäß sehr subjektiv gefärbt und dadurch natürlich auch schwer bzw. gar nicht überprüfbar seien. Ohne Frage ist das auch richtig. Allerdings liegen mittlerweile zahlreiche Beispiele *spiritueller* Ereignisse vor, die andere außenstehende Personen quasi *miterlebt* haben, das Ereignis also dadurch in gewisser Weise objektiviert wird. Ich möchte da beispielsweise nur an die *junge Frau* in meiner Wohnung erinnern, die eine Bekannte ja auch wahrgenommen hat, an die wundersame Klaviermusik oder auch an die spiritistische Sitzung. Van Lommel berichtet in seinem Buch *Endloses Bewusstsein* ebenfalls von einem überzeugenden Ereignis:

Die verstorbene Mutter erschien nachts ihrem Sohn. Als er von dieser wundersamen Begegnung am nächsten Morgen seinem Vater erzählte, sagte dieser nur mit größtem Erstaunen, dass auch ihm in dieser Nacht seine Frau erschienen sei.

Ein solches, quasi gemeinsames Erlebnis bezeichnet man auch als eine *geteilte* spirituelle Erfahrung.

Der renommierte amerikanische Nahtodforscher Raymond Moody hat sich dieser Thematik in seinem Buch PROOF of LIFE after LIFE (45) angenommen und kommt zu dem Schluss, dass diese geteilten und damit objektivierten Erlebnisse schon als ein Beweis für ein Danach angesehen werden können.

Vielleicht ist es ja tatsächlich ein Beweis, sicherlich aber ein weiteres starkes Indiz.

Kapitel III

Bühne des Lebens

Vom Sinn und Unsinn

Abb. 8

203

Nehmen wir einmal an, das Leben wäre tatsächlich nur das zufällige Ergebnis naturwissenschaftlicher Prozesse in einem zufällig entstandenen x-beliebigen Sonnensystem eines scheinbar unendlich großen Weltalls, ja, dann hätte unser Sein hier auf Erden tatsächlich keinen tieferen Sinn, wäre in der Tat alles bedeutungslos, folgenlos, sinnlos. Würden sich nämlich die Lebensbedingungen auf unserem Planeten durch Kriege, Umweltkatastrophen, tödliche Viren oder was auch immer in einer Weise verändern, dass menschliches Leben nicht mehr möglich wäre, dann erwiesen sich logischerweise auch alle mühsam erworbenen Erkenntnisse, aller Glaube, alle Spiritualität, alle philosophischen Gedanken, alle Sinnfragen, alle menschliche Entwicklung als in der Tat bedeutungslos, als sinnlos. Es bliebe ja nichts. Es wäre dann alles wieder wie vorher, als auch nichts war. Wilhelm Busch (1832– 1908) mussten wohl ähnliche Gedanken geplagt haben:

Lebenslauf

Mein Lebenslauf ist bald erzählt. -
In stiller Ewigkeit verloren
Schlief ich, und nichts hat mir gefehlt,
Bis daß ich sichtbar ward geboren.

Was aber nun? - Auf schwachen Krücken,
Ein leichtes Bündel auf dem Rücken,
Bin ich getrost dahingeholpert,
Bin über manchen Stein gestolpert,

Mitunter grad, mitunter krumm,
Und schließlich mußt' ich mich verschnaufen.
Bedenklich rieb ich meine Glatze
Und sah mich in der Gegend um.

O weh! Ich war im Kreis gelaufen,
Stand wiederum am alten Platze,
Und vor mir dehnt sich lang und breit,
Wie ehedem, die Ewigkeit.

Der gute alte Busch müsste heute wohl sein Gedicht leicht überarbeiten, sind doch tatsächlich schon eine ganze Reihe von ernstzunehmenden Indizien zusammengekommen, die nachdrücklich darauf hindeuten, dass wir keinesfalls *verloren in stiller Ewigkeit* ruhen.

Das grenzenlose göttliche Meer, Nahtoderfahrungen, Wahrnehmungen aus früheren Leben und all die anderen so wundersamen Dinge öffnen doch das Tor zu einer überwältigenden anderen größeren Wirklichkeit. All das zusammen zeichnet doch ein neues Bild, das die dunkle

Endgültigkeit des Todes in ein neues warmes liebevolles Licht verwandelt. Und wenn das Licht das Dunkle verdrängt, dann stellt sich doch zwangsläufig auch die Frage nach einem Sinn, nach dem Sinn unseres Daseins hier auf der Welt. Warum hält der *Zug des Lebens* hier an der Haltestelle Welt und gewährt uns einen mehr oder weniger langen Aufenthalt? Und warum müssen wir dann auch schon, gefühlt oft viel zu schnell, wieder einsteigen und die Reise fortsetzen? Worin sollte in all dem der Sinn liegen? Übrigens eine Frage, die mit Sicherheit auch so alt wie die Menschheit ist.

Menschen wie Frau Rutenbäcker kennen Sie bestimmt auch. In der Tat, sie ist schon eine bemerkenswerte Person. Weniger beeindruckt mich allerdings ihre Art zu leben, als vielmehr ihre klare und unmissverständliche Lebensphilosophie. Diese Sorte Mensch weiß immer ganz genau, was sie will bzw. nicht will, wie man die Welt im Großen wie im Kleinen zu deuten hat, was richtig, was falsch ist, Hand und Fuß hat oder einfach auch nur *deppert* ist. Fragen nach dem Sinn des Lebens oder einem Leben nach dem Tod erscheinen diesen Lebens-Pragmatikern als geradezu absurd. Völlig überflüssig, sich damit zu befassen. Was bringt einem das? Nichts, aber auch rein gar nichts. Punkt! Am Wochenende ist Stadtfest und nach ausgiebigem Genuss diverser alkoholischer Getränke kann man sich dann höchstens am Sonntagmorgen die Sinnfrage stellen, warum man wieder so viel extrem Kopfschmerz verursachendes Zeugs trinken musste. Aber lustig war's! Insgeheim muss ich mir ja eingestehen, solche Menschen sogar ein kleines bisschen zu beneiden. Nicht, weil ich mir dadurch nur wieder eigener Unverständlichkeiten der Welt gegenüber bewusstwürde, nein, nein, so bedeutungsschwer soll es gar nicht sein, sondern vielmehr dafür, dass diese Menschen scheinbar so viel müheloser durch die Tiefen und Untiefen des Lebens kommen, erst gar nicht auf die Idee kommen, sich mit so merkwürdigen Fragen zu belasten.

Übrigens teilte Frau Rutenbäcker mit mir das *schwere* Los, als eine kaufmännische Fachkraft in einem Handelsunternehmen arbeiten zu dürfen. Ganz im Gegenteil zu ihr konnte ich jedoch meinem beruflichen Tun, egal in welcher Abteilung ich auch eingesetzt war, keine rechte Freude abgewinnen. Die Arbeitstage schienen sich wie ein unendlicher Kaugummi zu dehnen und der

Begriff Freiheit wurde für mich zusehends zu einem nur noch abstrakt vorstellbaren Begriff. Tageslicht etwa frei von Büroarbeit genießen zu dürfen, war im Winter nur noch auf das Wochenende beschränkt. Man ging im Dunkeln zur Arbeit und im Dunkeln auch wieder nach Hause. Und über das stupide Prüfen unzähliger Rechnungen, der korrekt berechneten Preise, Rabatte und Skonti war es mir eine willkommene Abwechslung, über die grenzenlose Eintönigkeit meiner achtstündigen täglichen Arbeit zu stöhnen und mich in andere, weniger unsägliche Lebenssituationen zu träumen wie künftigen Urlauben, in denen ich fernab aller Büro-Tristesse das süße Leben eines Mallorca-Touristen würde genießen dürfen. Und obwohl im ersehnten Sommerurlaub drei Wochen *Mittelmeer-Glück* anstanden, verspürte ich trotz Sonne, Strand, Meer, Schinkenstraße und Abstand von der Arbeit doch nicht jene erhoffte grenzenlose Erfüllung all meiner Urlaubsträume.

Frau Rutenbäcker verbrachte ebenfalls ihren Jahresurlaub einschließlich Freund auf besagter Insel. Natürlich in einer Vier-Sterne-Anlage, die sich wegen eines Schnäppchen-Angebots außerhalb der Ferienzeiten auch problemlos finanzieren ließ. Und natürlich war – wie sollte es auch anders sein – der Urlaub super, alles bestens, sogar das hoteleigene ganz auf deutsche Gemütlichkeit und Frohsinn abzielende touristische Abendprogramm. Es musste beide wohl auf eine Weise inspiriert haben, dass sie sich nach dem Urlaub eine neue größere Wohnung suchten und diese auch fanden. Auf siebenundneunzig Quadratmetern und dreieinhalb Zimmern setzte sich ihr Urlaubsglück fort. Aber damit nicht genug! Träumte sie doch schon von ihrer Hochzeit, natürlich ganz in Weiß, und einem Reihenendhaus mit Garten, das sich mit zwei Gehältern auch problemlos finanzieren ließe. Im gleichen Atemzug aber auch nicht vergaß zu betonen, sich nach erfolgreich erfülltem Kinderwunsch wegen einer dann nur noch vorstellbaren halbtäglichen Beschäftigung ein wenig einschränken zu müssen. Aber Urlaub zu Hause kann ja auch schön sein! Und einmal mehr wunderte ich mich, warum ich mich selbst immer weniger in diesem scheinbar so alles umfassenden, letzte Erfüllung versprechenden Traum bürgerlichen Glücks wiederfinden konnte.

Ach ja, sie hat ihr Reihenhäuschen mit Mini-Garten bekommen, einschließlich Hochzeit, Kirche,

Kinder, … bis dass der Tod euch scheidet! Ob sie glücklich sind? Ich weiß es nicht, ich habe gekündigt.

Lebensoptimierung als Lebensmotto, als Lebenssinn! Da hätte Sartre bestimmt zugestimmt. Sie erinnern sich, Sartre, dieser Mensch mit seinen so düsteren Lebensperspektiven. Aber ganz so trostlos und düster hat er seine *gottlose* Welt dann zum Glück ja doch nicht gesehen. Ein klitzekleiner Lichtblick erhellt das Ganze nämlich: Nach Sartre seien wir Menschen nämlich auch völlig freie Wesen, die ihre Existenz selbst definieren können. *We are the masters of the universe*, um es einmal etwas plakativer auszudrücken! Wir können also unsere Welt, unser Leben nach unseren Maßstäben gestalten, Freiräume mit Leben füllen. Und wie wir Menschen auch immer glauben, diese Freiheit gestalten, sie ausleben zu dürfen, genau darin liege dann auch der individuelle Lebenssinn eines jeden einzelnen. Ob ich nun als Umweltaktivist oder Freiheitskämpfer die Welt verändere, als Gewinnmaximierer eines Dax-Konzerns Aktienkurse in die Höhe treibe, als Kleingartenvereinsvorsitzender in die Geschichte der Obstbaumoptimierer eingehe oder auch als Reihenhausfinanzierer ganz im rutenbäckerischen Sinne durchs Leben gehe, das bleibt allein mir überlassen. Lebensoptimierung als Lebenssinn halt! Klar, so ganz ohne geht es natürlich nicht. Aber reicht das auch? Lassen sich diese *Lebensleitplanken* dann auch unter der Rubrik *tieferer spiritueller* Lebenssinn verbuchen? Ich habe da so meine Zweifel. Aber lassen wir einmal die Existenzialisten in ihrer gottlosen Welt und Frau Rutenbäcker in ihrem Reihenhäuschen, was könnte denn noch sinnstiftend sein? Müssten nicht eigentlich alle Religionen darauf eine Antwort geben?

Mal ehrlich, bleiben Sie stehen oder gehen Sie einfach weiter, so, als hätten Sie sie gar nicht wahrgenommen? Diese Unerbittlichen, die stundenlang bei Wind und Wetter in Fußgängerzonen unserer Städte stehen, dünne Heftchen feilbieten und zumeist eher Desinteressierte in ein kurzes Gespräch verwickeln möchten. Und diese Zeugen Jehovas sind wahrscheinlich schon glücklich, wenn sich doch einmal einer ihrer erbarmt und wenigstens Notiz von ihnen nimmt. Wie unerschütterlich scheinen sie zu glauben, darin aufzugehen. Ja, Glaube als Lebenssinn! Können sich Millionen von Menschen irren? Viele sehen ganz bestimmt in ihrer Religion den ultimativen spirituellen Lebenssinn, sind erfüllt davon, ruhen darin. Wer sich beispielsweise schon einmal näher mit dem Leben von Johannes Paul II. befasst hat, der weiß, was ich meine. Dieser Mann hat seine Religion wirklich gelebt. Er war ein *Praktiker* des Glaubens, wie es der Vatikanexperte Andreas Englisch (46) in seinem Buch über diesen Papst ausdrückt. Einer, der alles aus seinem Glauben heraus tat, im Zweiten Weltkrieg, in der Zeit danach, als Seelsorger und letztendlich auch als Papst.

Aber so erfüllend der Glaube ja auch sein mag, müsste sich nicht trotzdem jeder kritische Mensch auch fragen, ob die Religionen wirklich eine so allumfassende Orientierung für unsere Sinnfrage geben können? Sicherlich finden wir in allen *Heiligen Schriften*, so auch der Bibel, zahllose Stellen, die das Gute, das Menschliche, das Erhabene betonen, aber garantiert eben auch solche, die das genaue Gegenteil bezeugen. Denken wir nur an die Sintflut, an diesen brutalen und ungerechten Massenmord. Denn was ist es anderes, das diese Geschichte offenbart? Ein unzufriedener Gott sucht sich Noah aus, weil er angeblich als einziger vor ihm bestehen konnte, und seine Familie durfte gleich mit auf das rettende Boot.

Ob sie auch alle so untadelig und gottesfürchtig wie das Familienoberhaupt gelebt haben, oder hatten sie einfach nur Glück, den richtigen Vater zu haben? Und all die anderen Menschen – von den Tieren mal ganz abgesehen – waren ausnahmslos so verdorben und schlecht, dass dies eine Massentötung rechtfertigte? All die unschuldigen Kinder, die in den Armen ihrer Eltern elendig ersoffen. Stünde dies nicht in der Bibel, so müsste man den Text auf den Index jugendgefährdender Schriften setzen.

Oder *Urvater* Abraham, der doch tatsächlich seinen eigenen Sohn opfern sollte, weil es angeblich sein Gott so wollte. Zum Glück hat Gott ja gerade noch rechtzeitig eingelenkt, da es sich angeblich nur um so etwas wie eine Glaubensprobe gehandelt hätte. Aber, was ist denn das, bitte schön, für ein Wahnsinn, einen Vater überhaupt in eine solche Lage zu bringen? Mich macht es nur sprachlos! Was wohl Jesus zu all dem gesagt hätte? Und auch diese Lichtgestalt des Guten wurde so viele Jahre später durch ein gottgewolltes Schicksal unter der Folter am Kreuz zu der verzweifelten Frage getrieben: *Vater, warum hast du mich verlassen?*

Und trotz all dieser Ungeheuerlichkeiten

bekommt man dann von Vertretern jener Religion gebetsmühlenartig als Erklärung für dieses eigentlich nicht Erklärbare serviert, dass es sich dabei lediglich um Bilder, um Gleichnisse handeln würde, die natürlich entsprechend zu deuten seien. Aber relativiert man dadurch nicht alles und jedes und gibt es damit der Beliebigkeit preis? Die Sintflut kann man nur als Massenmord bezeichnen. Daran gibt es nichts zu deuteln!

Und wie fragwürdig ist es auch, Sinnhaftigkeit zu vermuten hinter mitunter nur schwer nachvollziehbaren religiösen Vorstellungen. Werden tatsächlich vor dem *Jüngsten Gericht* die Lebenden und die Toten gerichtet? Ist die Bibel ein *Tatsachenbericht*, wörtlich zu nehmen, wie nach wie vor viele glauben? Erschuf Gott die Erde also in rekordverdächtigen sechs Tagen? Marias Empfängnis war *unbefleckt* und wir Menschen sind ausnahmslos mit der Erbsünde belastet, nur weil unsere Urahnen Adam und Eva im Paradies sündigten? Und warum musste Jesus so grauenvoll am Kreuz sterben? Wirklich nur, um uns Menschen von unseren Sünden zu befreien? Von sogenannten Gotteskriegern, die sich mit völlig unschuldigen Menschen in die Luft sprengen, will ich gar nicht erst sprechen. Ja, wie soll man das alles nur verstehen, dahinter einen Sinn vermuten? Oder ist es einfach auch nicht zu verstehen, weil wir alles wieder nur aus unserem begrenzten menschlichen Blickwinkel heraus betrachten?

Meine Gedanken sind nicht eure Gedanken, und eure Wege sind nicht meine Wege, sondern so viel der Himmel höher ist als die Erde, so sind auch meine Wege höher als eure Wege und meine Gedanken als eure Gedanken. (Jesaja 55, 8.9.)

Vielleicht ist das ja eine Erklärung. Wer kennt schon Gottes Wege? Und trotz all dieser Fragezeichen, so finde ich, ist es etwas anderes, Ernsthafteres, Spirituelleres, den Sinn des Lebens in einer Religion zu suchen als in jener rutenbäckerischen Lebensoptimierung.

Schauen wir daher einmal, worin die großen monotheistischen Religionen, also Christentum, Judentum und Islam, den Sinn erkennen.

All diesen Religionen ist der Glaube gemein, dass diejenigen, die nach den Regeln ihrer jeweiligen Religion leben, nach dem leiblichen Tod mit so etwas wie dem Paradies belohnt werden. So gesehen ist das Leben hier auf der Welt quasi nur die Vorbereitung auf das große Finale im Jenseits.

Im Alten Testament lesen wir beispielsweise, dass für König Salomon (im 10. Jahrhundert v. Chr.

Herrscher des vereinigten Königreichs Israel) die größte Sinnlosigkeit darin bestand, nur für diese Welt zu leben. Gottes Gebote zu befolgen, das sei alles, worauf es für den Menschen im Leben ankomme.

Na ja, was wohl Frau Rutenbäcker dazu sagen würde? Egal!

Christen erkennen den Sinn des Lebens vornehmlich in der Suche nach der Gemeinschaft mit Gott. Voraussetzung dafür ist ein Leben in Liebe (Nächstenliebe), Buße und dem Glauben an die Erlösung durch Jesus Christus. Papst Franziskus betonte in einer Generalaudienz, dass das Ziel, also der Sinn unserer Existenz, darin bestehe, dass sich alles vollende und in Liebe umgestaltet werde. Und wo geschieht das? Richtig, im Paradies! Denn dort nehme uns Gott in besagter unendlicher Liebe auf.

Wer in diesem Bewusstsein lebt, der kann sicher ein für sich sinnvolles erfülltes Leben führen in der beruhigenden Gewissheit, im Paradies quasi den ultimativen Höhepunkt zu erleben.

Ähnlich verhält es sich auch im Islam, nämlich allein Allah zu dienen und am Tag des Jüngsten Gerichts dank guter Taten ebenfalls mit dem Eingehen in das göttliche Paradies belohnt zu werden.

Und auch für das Judentum ist die oberste Richtschnur die Einhaltung der göttlichen Gebote, ein Leben zu führen in der Ehrfurcht vor Gott und seinem Willen.

Sind das nicht alles bemerkenswerte Übereinstimmungen? Alle Gläubigen erklimmen quasi einen hohen Berg, wie es einmal ein bekannter Fernsehpfarrer so treffend umschrieb, nur eben von unterschiedlichen Seiten. Und im Rucksack aller Gipfelstürmer ist das Gebot der Nächstenliebe fest verstaut. Ja, wir sind eben alle Geschöpfe Gottes. Schade nur, dass Gläubige dies allzu oft zu vergessen scheinen. Wie viele Menschen mögen wohl schon wegen ihres vermeintlich *falschen* Glaubens durch religiöse Fanatiker getötet worden sein, von Fanatikern, die glaubten, Weisheit und Wahrheit gepachtet zu haben. Ist nun aber die Religion daran schuld oder liegt es doch eher an der Unvollkommenheit, Engstirnigkeit und ideologischen Borniertheit der Menschen?

Ich denke, die Frage erübrigt sich. Wir Menschen verbocken halt vieles. Stünde wirklich die Nächstenliebe im Zentrum unseres Handelns, dann könnten wir alle in Frieden und Harmonie leben.

Im eigenen Handeln Gott zu spüren, seine Werte, Nächstenliebe, Teilen, Mitgefühl, zu den eigenen zu machen, müsste das nicht reichen für ein sinnstiftendes Leben?

Doch warum leben so viele Menschen nicht danach? Schlimmer noch, warum leben sie häufig genug das genaue Gegenteil? Vielleicht haben die Buddhisten ja doch recht. Unser Leben hier auf der Erde, auf unserer *Lebensbühne*, ähnelt einer Schule. Die einen sind in der ersten Klasse, andere in der zweiten oder dritten und dann gibt es natürlich auch einige, die schon in der letzten Klasse sind. Sie haben in vielen Leben so umfangreiche Erfahrungen sammeln können, an die die Erstklässler erst einmal herankommen müssen. Wenn ich mir vorstelle, was ich alles schon so erlebt habe und wie mich das geprägt hat – und ich bin hoffentlich noch nicht am Ende meiner Reise – und wenn ich all das dann auf viele Leben hochrechne und vergleiche es mit einem Menschen, der gerade zum ersten Mal überhaupt auf der Welt ist, wie sagt man da so schön: Welten liegen dazwischen! Vielleicht erklärt das ja zumindest ansatzweise auch diese häufig so völlig unverständlichen Unterschiede zwischen uns Menschen. Der eine fängt halt an und der andere ist fast fertig.

Meine Familiengeschichte reicht bis ins 16. Jahrhundert zurück. Und in unserem Familienstammbaum taucht ein Name auf, der mir sofort ins Auge fiel:

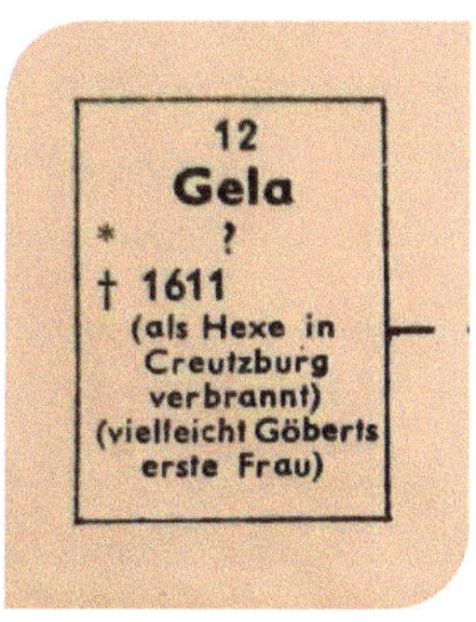

Abb. 9

Gela wachte aus einem scheinbar nicht endenden Albtraum auf. Wo war sie? Ihre Augen mussten sich erst an die Dunkelheit gewöhnen. Ihr ganzer Körper schmerzte, ihre Kleider hingen zerrissen, zerlumpt an ihrem vor Kälte bebenden Körper herunter. Sie tastete vorsichtig ihre Umgebung ab, wollte aufstehen, musste zu ihrem Entsetzen feststellen, dass ihr rechtes Handgelenk an einen Eisenring gekettet war. Sie war gefangen in Kälte und Dunkelheit. Langsam zeigten feuchte Mauern erste schemenhafte Konturen, als sich ihre Augen mehr und mehr an die

Umgebung gewöhnten. Sie war gefangen in einem Verließ und aufsteigende Angst ließ ihr Herz erstarren. Aber warum? Sie hatte sich nichts zuschulden kommen lassen. Oder doch? Ihre letzten Erinnerungen waren brutale, mit gierigem Blick geifernde Männer, die sie nachts aus ihrer Schlafkammer schleppten, sie beschuldigten, sie sei des Teufels und ihre gerechte gottgewollte Strafe schon bekäme. Sie schlugen sie, rissen ihr die Kleider vom Leib, gafften sie mit geilem sabberndem Blick an, suchten ihren nackten Körper ab … Und eine sich erbarmende Ohnmacht erlöste sie von den ersten Qualen.

Sie hörte Stimmen, Männerstimmen, Schlüsselgeklapper, die Tür öffnete sich, fahles Licht fiel in ihren Kerker. Sie kamen auf sie zu, lösten ihre Fesseln, befingerten sie erneut, lachten nur hämisch und schleppten sie in einen Raum, der durch Kerzen und eine offene Feuerstelle in ein warmes Licht getaucht wurde, das einen unwirklichen Kontrast bot zu dem Zwecke ihres erzwungenen Aufenthaltes in dieser ihr unverständlichen Welt. An der Vorderseite saßen vier Männer nebeneinander und starrten sie mit düsterem unheilvollem Blick an. Der scheinbar Älteste unter ihnen – Gela war sich nicht ganz sicher, ob es sich tatsächlich um einen Geistlichen handelte, so unvorstellbar schien es ihr – erhob mit kalter durchdringender Schärfe das Wort und beschuldigte sie ungeheurer Dinge. Sie konnte nicht ahnen, dass sie einem Großinquisitor gegenüberstand, der sich von Gott berufen fühlte, das Böse zu bekämpfen. Sie sei eine Hexe, eine vom Satan besessene, die einem angesehenen Dorfbewohner das Unglück ins Haus gebracht habe, weil sie sich von ihm ungerecht behandelt fühlte, er ihr angeblich den gerechten Lohn für geleistete Arbeit vorenthalten hätte. Deshalb sei seine Frau im Kindbette fast verblutet und eine seiner besten Kühe an einer unbekannten unheilbaren Infektion elendig verendet. Gela zuckte zusammen, so ungeheuerlich schienen ihr die Vorwürfe. Hatte sie nicht noch seiner schwangeren Frau geholfen, als es ihr wieder einmal erbärmlich ging, weil sie arbeiten musste, obwohl ihr immer wieder das Blut an den Beinen herunterlief? Hatte sie nicht freiwillig auf ihren Lohn verzichtet, damit ihr Herr auf dem Markt Kräuter kaufen konnte, um wenigstens ein bisschen das Leiden seiner Frau erträglicher zu machen? Hatte sie nicht alles Erdenkliche versucht, um zu helfen? Sie hätte sich auch weiter aufgeopfert für ihre Herrin, aber sie ertrug es nicht mehr, den gierigen Atem ihres Herrn, wenn sie im Stall allein waren, seine widerlich fetten dreckigen geilen Hände auf ihrer Haut, seinen schwitzenden drängenden Körper, der sich an ihr rieb, ihr den Rock hochzerrte, sie besitzen wollte ...

Und dieser elende gottverlassene geile schmierige Widerling beschuldigte sie jetzt. Sie war außer sich, redete alle Ungerechtigkeiten heraus, schrie sie heraus, bäumte sich auf und brach schluchzend zusammen, wimmerte, stotterte, flehte, bis es ihr die Sprache verschlug angesichts dieser Ungeheuerlichkeiten.

Bedrohliche Stille! Der anwesende Großinquisitor ordnete an, ihr Wasser zu reichen. Gierig trank sie und fühlte mit jedem Schluck Kampfeswillen aufsteigen. Mit kalten Augen sah sie der Großinquisitor an und ruhig mit fast väterlichem Ton ermahnte er sie: Sie solle sich Leid ersparen, alles gestehen, auch habe Gott dann Erbarmen mit ihrer armen Seele. Denn wenn sie sich weigere, den Mächten des Teufels weiterhin mehr vertraue als der göttlichen Weisheit und Gnade, hätten sie Mittel … Und sein Blick fiel auf Marterinstrumente unterschiedlichster Art, die nur eine Funktion hatten, Schmerzen zu verursachen. Kalte Angst durchfuhr ihren bebenden Körper, als ihr die grausame Unerbittlichkeit und Unentrinnbarkeit ihrer Lage wie ein böses Omen die Kehle zuzuschnüren schien.

Sie gestand nicht, konnte nichts gestehen! Hieß es nicht, du sollst nicht lügen?

Die Folterknechte rissen ihr auf Anordnung die Kleider vom Leib. Nackt war sie den lüsternen Blicken der Kommission ausgesetzt. Immer nur Männer! Männer, die mächtig waren und doch in Wahrheit so erbärmlich, so armselig, klein, verklemmt und unfähig, unfähig mitzufühlen, unfähig zu lieben, unfähig menschlich zu sein, ihre primitive Brutalität an wehrlosen Frauen auslebten, sich daran ergötzten. Sie wurde erneut auf Teufelsmale untersucht, Leberflecken und sonstige Auffälligkeiten, man fand immer etwas, man konnte ja genau suchen, nichts blieb verborgen ... Aber Gela konnte nichts gestehen, immer und immer wieder wurde sie gefragt. Sie konnte nichts sagen, auch nicht, als man ihr die Folterwerkzeuge zeigte, quasi als erste Stufe zum Geständnis. Sie setzte alles auf ihr Gottvertrauen, auf ihre Überzeugungskraft, man musste ihr einfach glauben, irgendwann mussten sie sich ihren Irrtum eingestehen, der Albtraum enden. Sie sollte sich irren, fürchterlich irren. Die Augen der Folterknechte glänzten, auch in den Augen der hohen Herren schien ein unheildrohendes Flackern aufzuglimmen. Sie wurde auf einem stählernen Stuhl festgebunden. Man legte ihren rechten Daumen zwischen zwei Holzstücke, die mit einer Art Gewinde verbunden waren, und der eine drehte langsam an einer Schraube. Sie spürte erst einen leichten Druck, der sich nach und nach steigerte zu einem Schmerz, von dem sie bisher nicht einmal ahnte, dass es derart Höllisches geben könnte. Es durchfuhr sie wie glühender Stahl, die Tortur war so unerträglich, dass ihr die Augen hervorquollen, sie aber nicht schreien konnte, wie gelähmt war, gelähmt vor Schmerzen und Unverständnis, dies alles ertragen zu müssen.

Abrupt ließ der Schmerz nach, löste sich in Taubheit auf. Ob sie jetzt gestehen wolle? Unfähig zu antworten, schwieg *sie, genoss die Sekunden des Erbarmens und merkte erst gar nicht das erneute Drehen an der Schraube. Der gemarterte Daumen wurde ihr zerquetscht. Wie weit sind Schmerzen steigerbar? Sie gestand, sie gestand alles!*

Am nächsten Morgen, nach einer langen schrecklichen angst- und qualvollen Nacht ohne Schlaf, wurde sie auf einen hölzernen Gitterwagen getrieben. Sie fuhren zum Marktplatz, hielten direkt neben dem größten und prunkvollsten Gebäude, der Kirche. Der Marktplatz war schon gefüllt mit Menschen, Alte, Junge, Männer, Frauen, ja sogar Kinder. Alle waren gekommen, diesem Schauspiel beizuwohnen in schauriger Erwartung. Warum nur ergötzen sich Menschen an dem Leid anderer?

Der Pfahl, an den sie gebunden wurde, stand in der Mitte des Platzes leicht erhöht, da um ihn herum Holz aufgestapelt war. Gela spürte nichts mehr, war wie betäubt, taub, sprachlos, ob dieses ungeheuerlichen Verbrechens an ihr. Sie wurde festgebunden, tausende Augen starrten sie an. Sah sie nicht auch mitleidende Augen? Sie wünschte es sich so sehr. Das Feuer wurde entzündet, Rauch stieg in ihre Nase und ihre Lungen füllten sich mit giftigen Dämpfen, die ihr die Qual des lebendig verbrannt Werdens ersparten, und plötzlich fühlte sie sich ganz leicht, so als schwebte sie über ihrem gemarterten Körper...

Grauenhaft! Kann es schlimmer kommen? Vom Mittelalter an bis in die frühe Neuzeit wurden abertausende unschuldige Menschen, vor allem Frauen, der Hexerei beschuldigt, angeklagt und mit unvorstellbarer Grausamkeit bis zu den gewünschten Geständnissen gefoltert und anschließend öffentlich verbrannt. Und wer oder was steckte dahinter? Ja, so unfassbar es sich auch anhören mag: Es war die heilige römisch-katholische Kirche, weil die Stellvertreter Jesu auf Erden samt ihrer Bischofsschar an eine vom Teufel angezettelte Verschwörung gegen das Christentum glaubten. Luzifer höchstpersönlich – so die absurde Vorstellung – bemächtige sich der armen Seelen, um Leid und Verderben über die Menschheit zu bringen. Und Vertreter dieser Kirche verkauften einer weitgehend ungebildeten Öffentlichkeit, dass jene grauenhafte Barbarei ihre Berechtigung habe, die Kirche selbstlos und aufopferungsvoll das Gute vor einer *teuflischen* Vereinnahmung durch das Böse schützen müsse.

Schwer vorstellbar, dass die letzte Hexenverbrennung in Europa kaum mehr als zweihundert Jahre zurückliegt (1807). Wie konnte man nur im Namen Gottes solche Grausamkeiten begehen?

Aber damit nicht genug! Während der christlichen Kreuzzüge wurden gnadenlos Menschen abgeschlachtet, Menschen, die sich nicht zum christlichen Glauben bekehren lassen wollten. Zwischen 1096 und 1291 fanden auf Betreiben der Päpste sieben Kreuzzüge ins *Heilige Land* Palästina statt, die zigtausenden von Menschen das Leben kosteten. Bei der Eroberung Jerusalems (1099) wurde praktisch die gesamte Einwohnerschaft der Stadt umgebracht. Und die blutbesudelten Kreuzritter gingen anschließend vor Freude weinend zum Grab ihres Erlösers.

Die Räume waren fensterlos, nur durch kaltes, grelles Neonlicht erleuchtet, beklemmend, Angst einflößend. Menschen, auch ich selbst, lagen angeschnallt auf harten, stählernen weißen Liegen. Das Gefühl, ausgeliefert, ohnmächtig zu sein, ließen meine Hände kalt und feucht werden, schnürten mir die Kehle zu. Gefahr war körperlich spürbar. Angst vor nicht zu ertragenden Schmerzen, zugeführt durch unbekannte, namenlose und kalt grinsende Macht ausstrahlende menschliche Gestalten ließ mich schweißnass aufwachen …

Auch diesen frühen Albtraum habe ich wie so viele andere bedeutsame Träume nie ganz vergessen können. Er berührt mich noch heute und lässt mich fragend zurück. Warum sind wir Menschen zu solchen Grausamkeiten fähig? Zu Grausamkeiten, die nur allzu oft jede menschliche Vorstellungskraft sprengen. Und geradezu körperlich spürbar wurde mir diese Facette menschlicher Abgründe bei meinem Besuch im ehemaligen Konzentrationslager Auschwitz.

Baracke an Baracke, Weite, Einsamkeit, Stacheldrahtzäune, Wachtürme, eine Drossel singt! Wie kann das sein? An diesem Ort? Es scheint alles so friedlich. Besucher verlieren sich auf dem riesigen Gelände. Auschwitz ist nicht mit Worten zu beschreiben. Der Himmel sieht aus wie überall, die Luft, die Bäume, Birken stehen am Horizont, die weißen Stämme strahlen Unschuld aus. An diesem Ort? Rechnungen über Zyklon B liegen in Schaukästen des Museums, korrekt unterschrieben, Schulte, Obersturmführer, bestimmt auch rechnerisch und sachlich auf Richtigkeit überprüft. Wie es sich gehört, deutsche Gründlichkeit! Man hat doch nur seine Pflicht getan, Befehl ist Befehl …! Rudolf Höß, der Kommandant des Vernichtungslagers, bewohnte ein großes Haus mit Blick auf das Krematorium. Sonntags bestimmt mit seiner Familie friedlich gefrühstückt, einmal abschalten, mit den Kindern spielen, man kommt ja sonst nicht dazu …

Ich war ergriffen, verstört. Wie kann man noch lachen, normal weiterleben, wenn man dort war, diesen Boden betreten hat? Wie kann man etwas verstehen, was nicht zu verstehen ist? In meinem Kopf drehte sich alles. Die Zeit schien plötzlich rückwärts zu laufen, tausendfache verzweifelte Schreie, dieser Geruch …
Auschwitz – Inbegriff des Schrecklichen, Menschenverachtenden, diese vorweggenommene Apokalypse! Hundertausende wurden vergast, erschossen, erhängt. Kinder wurden vor den Augen

ihrer Mütter erschlagen, Menschen erfroren, verhungerten, wurden Opfer medizinischer Versuche … Und die Täter? Es waren Menschen, ganz normale Menschen: Familienväter, Ehemänner, Brüder, Schwestern …, in Friedenszeiten vielleicht Buchhalter, Handwerker, Ärzte. Ja, Sie lesen richtig, sogar auch Ärzte, die doch eigentlich einen anderen Eid geschworen haben. Die deutsche Philosophin Hannah Arendt (1906 – 1975) versuchte dieses Unfassbare, Nichtverstehbare mit dem Begriff der *Banalität des Bösen* zu umschreiben. Jenes *fabrikmäßige Morden* sei nur durch eine *Ideologie der Sachlichkeit erklärbar, der jegliches Urteilsvermögen, jegliches lebendiges Denken abgesprochen werden* müsse.

Ich will und kann es einfach nicht verstehen, was Menschen dazu befähigt, derart enthemmt und menschenfeindlich handeln zu können. Sind sie tatsächlich alle erst in der ersten Schulklasse? Hat man da noch kein moralisches Empfinden? Bemühen wir jetzt auch nicht Adam und Evas Fehlverhalten im Paradies, weil angeblich ihr Missachten göttlicher Gebote das Böse und den Tod über die Menschheit brachte. Nein, das ist mir als Antwort doch – vorsichtig ausgedrückt – zu legendenhaft.

Aber sicherlich sind doch nicht alle Menschen derart böse, sind doch nicht alle erst in der ersten Klasse? Man weiß natürlich nie, wie sich auch vermeintlich gute Menschen in Ausnahmesituationen verhalten würden. Werden sie dann auch zu Bestien? Und Sie, liebe Leserinnen und Leser? Würde das dann auch auf Sie zutreffen? Jeder möge in sich gehen! Höchstwahrscheinlich bleibt aber immer eine Restgefahr. Doch leider gibt es ganz sicher zu viele Menschen, die auch ohne diese Ausnahmesituationen *böse* sind. Sei es nun, dass sie bewusst und zielgerichtet verwerflich handeln, um für sich alle nur denkbaren Vorteile zu erzielen oder einfach nur Spaß daran haben, anderen Menschen irgendwie zu schaden. Löst nicht gerade auch Mobbing bei den Betroffenen mitunter traumatische Zustände aus? Werden sie nicht selten bis an den Rand des Wahnsinns getrieben, können sich gegen diese psychische Gewalt häufig genug nur schwer oder gar nicht wehren? Was aber haben nur diese Mobber davon, außer vielleicht die persönliche Befriedigung, Macht über andere auszuüben. Einfach nur widerlich, böse! Haben diese Menschen so gar kein Gewissen? Oder steckt gar der Teufel höchstpersönlich dahinter, Satan, Luzifer oder wie auch immer man diesen *Höllenfürsten* nennen mag? Dient ihm das Böse als sinnstiftendes Lebenselixier? Oder sollte gar der Schöpfer des *Himmels und der Erde*, sollte er – Gott – das Böse, das Leiden auf Erden ersonnen und als *zwangsläufige* Begleiterscheinung mit erschaffen haben? Obgleich doch der *liebe* Gott – nicht nur im christlichen Abendland – einen festen Platz als allgewaltiger Schöpfer, als das *Gute* schlechthin einnimmt. In der Kirche feiert man ihn, dankt ihm, erbittet Hilfe über Gebete und Fürbitten, die für das gewünschte gute Ergebnis dann sorgen sollen. Und dieser Instrumente besinnen sich die Menschen insbesondere in Zeiten der Not. Völlig unverständlich ist mir deshalb, warum gerade auch treue Kirchgänger, ja sogar kirchliche Würdenträger, scheinbar in ihrem Glauben so fest verankerte Menschen, also vermeintlich gute Menschen, nur zu oft *über Leichen gehen*, Mitmenschen quälen, drangsalieren, ausnutzen, missbrauchen, bevormunden, verraten, hintergehen, übervorteilen ... Steckt in uns allen doch so viel Böses? Ist man sich doch selbst so viel näher als anderen? Reizt ein so erzielter Vorteil, ein möglicher Gewinn, Macht über andere oder was auch immer so sehr?

In der einschlägigen Literatur ist die Vereinbarkeit des Leids und des Bösen auf der Welt angesichts eines allmächtigen und gütigen Gottes ein gewichtiges Thema, ein Problem, das scheinbar unlösbar ist. Diesen grotesk anmutenden Widerspruch – Theodizee genannt – aufzulösen, hat uns Menschen immer schon herausgefordert. Für den deutschen Philosophen Gottfried Wilhelm Leibniz (1646–1716) etwa war die Welt, so wie sie ist, gar die beste aller Welten. Denn wäre sie nicht die bestmögliche Welt, so seine Logik, dürfte Gott sie nicht gekannt haben, was gegen seine Allweisheit spräche, oder sie gekannt, aber nicht erschaffen haben, was wiederum gegen seine Allgüte sprechen würde, oder sie nicht habe schaffen können, was dann natürlich seiner Allmacht entgegenstünde. Geht man nun davon aus, Gott entspricht tatsächlich diesen drei Eigenschaften, so müsste Leibniz eigentlich recht haben. Aber das bedeutet natürlich auch, dass in dieser bestmöglichen Welt das Böse ebenfalls gottgewollt sein muss, es existiert ja! Aber da Gott allgütig ist, darf er es natürlich nicht wollen. Wie umschifft Leibnitz dieses Dilemma? Zum einen verweist er völlig zu Recht darauf, dass wir Menschen von Natur aus unvollkommen seien. Denn wären wir es nicht, so wären wir ja gottgleich. Und aus dieser Unvollkommenheit heraus könne eben auch das Böse erwachsen. Und dies sei grundsätzlich auch kein Problem, weil das Böse den Menschen auch zu einer gewissen Achtsamkeit erziehe. Aha! Also, salopp ausgedrückt, Hamburger, Cheeseburger und pappige Pommes haben ihre zwingende Daseinsberechtigung, da wir ohne diese kulinarischen Tiefschläge nicht wissen könnten, welche Genüsse uns die Haute Cuisine oder auch solide Hausmannskost vorenthalten würden. Ja, ich weiß, vielleicht ist Ironie hier fehl am Platze. Das Thema ist schließlich ernst genug. Bedeutet es doch, dass Gott die Option, dass das Böse auch zu extremsten Abgründen wie Auschwitz führen kann, einkalkuliert, mindestens aber für nicht unmöglich gehalten hat.

Mir sträuben sich bei diesem Gedanken einmal mehr wieder die Nackenhaare. Kann dies ein guter, liebevoller, sinnvoller göttlicher Entwurf einer Welt sein, wenn das Böse scheinbar derart problemlos und selbstverständlich Bestandteil des Ganzen ist? Ich versteh es nicht!

Zum anderen entschuldigen Leibnitz und auch maßgebliche Kirchenvertreter wie Augustinus (354–430) oder Thomas von Aquin (1224–1274) die Existenz des Bösen angesichts eines gütigen Gottes gebetsmühlenartig mit dem scheinbar unwiderlegbaren Argument, dass wir Menschen über einen freien Willen verfügten, der uns alleinverantwortlich in die Lage versetze, gut oder eben auch böse handeln zu können. Schon die alten Stoiker (griechische Denker ca. 300 Jahre vor Christi Geburt) vertraten diese Auffassung, dass der Mensch zwar aus innerer Freiheit heraus das Ideal des Guten anstreben solle, ihm dann aber logischerweise auch die Möglichkeit eingeräumt werden müsse, nicht danach streben zu dürfen. So entlastet also der freie Wille Gott, wäscht ihn quasi rein, um nicht jene scheinbar alternativlose Allgüte und Allmacht in Frage stellen zu müssen.

So richtig überzeugen können mich diese Gedankenspiele allerdings nicht. Für mich bleibt Böses böse, auch wenn es tatsächlich Teil der besten aller möglichen Welten sein sollte. Übrigens, beste aller möglichen Welten! Warum sind wir Menschen nicht so vollkommen, dass wir gar nicht erst böse handeln können? Wären wir dann tatsächlich gottgleich, wie dies Leibnitz ja unterstellte, und es deshalb für undenkbar hielt? Könnten wir dann etwa auch tote Käfer wieder zum Leben erwecken oder Galaxien erschaffen?

Albern! Wir Menschen wären einfach nur menschlicher im besten Sinne des Wortes. Worin liegt also der Sinn? Tatsächlich nur in der Banalität, dass wir Menschen ohne das Böse nicht wissen könnten, was das Gute ist? Oder ist es tatsächlich allein der freie Wille, der Maßstab ist, ob wir den Weg des Guten oder des Bösen gehen? Und wenn wir böse handeln, dann haben wir sozusagen Wesentliches noch nicht gelernt, sind also quasi noch in der ersten Klasse? Nur deshalb mussten und müssen unzählige Menschen unter dem Bösen leiden, nur weil wir zu *deppert* sind, das Gute nicht ohne das Böse erkennen zu können oder es aber erkennen, nicht aber danach handeln, weil wir noch so unreif sind, noch nicht in die zweite Klasse versetzt wurden? Hätte Gott für uns da nicht einen etwas weniger steinigen Weg auswählen können? Und wenn schon dieses Böse sein muss, warum lernt die Menschheit dann nichts daraus? Warum dreht sich die Welt immer und immer wieder nur im Kreis? Warum verändert sich die Welt nicht endlich einmal insgesamt zum Positiven? Die Grausamkeiten der Vergangenheit wie Hexenverfolgungen, Sklaverei, Glaubenskriege, diese ganzen Absurditäten und Dummheiten, die weltweit geschahen, werden

heute doch lediglich durch modernere Varianten
ersetzt. Bleiben die Inhalte nicht immer gleich,
nur die Bilder ändern sich? Wussten Sie, dass
nach dem Zweiten Weltkrieg weltweit mindestens sechzig Millionen Menschen durch neu ent-
fachte Kriege umgekommen sind? Das sind mehr
Tote, als der gesamte Zweite Weltkrieg forderte.
Krieg in Europa ist leider auch wieder zur Realität
geworden und ein deutscher Verteidigungsminis-
ter muss sich angesichts des Leids in der Ukraine
ernsthaft die Frage stellen, wie die Deutschen
wieder *kriegstüchtig* gemacht werden können. Eine
Frage, die man nach Beendigung des Kalten Krieges für schier undenkbar, für absolut überholt
hielt. Und für uns Deutsche ist es sicherlich auch
schwer vorstellbar, dass nur rund vier Prozent der
Weltbevölkerung im Jahr 2017 in vollständigen
Demokratien lebte. Lediglich diese weltweite
Minderheit darf sich glücklich schätzen, in Län-
dern zu leben, in denen Menschenrechte, Gewal-
tenteilung und Pressefreiheit selbstverständlich
sind. Und vollends unverständlich wird es, wenn
man weiß, dass in einem demokratischen Vorrei-
terland für Menschenrechte Verhörmethoden
wie das Waterboarding praktiziert wurden,
wodurch den Gemarterten das Gefühl vermittelt

wurde zu ertrinken. Sie lesen ganz richtig! In einem demokratischen Land wurde tatsächlich wieder Folter toleriert. Vielleicht hätten jene *Folterknechte* doch eher auf ihren im Jahr 2018 verstorbenen US-Senator John McCain hören sollen, dass nämlich der *Einsatz von Folter das beschädigt, was uns mehr als alles andere von unseren Feinden unterscheidet: unsere Überzeugung, dass alle Menschen, sogar gefangen genommene Feinde, grundlegende Menschenrechte besitzen – geschützt durch internationale Übereinkommen, denen die USA nicht nur beigetreten sind, sondern die sie zu einem großen Teil selbst verfasst haben.*

Dem kann man doch nur zustimmen. Folter ist durch nichts zu rechtfertigen. Dieser so unheilvolle Geist entspringt den tiefsten Tiefen menschlicher Abgründe.

Ein schlimmes Ereignis vor einiger Zeit schlug in den Medien hohe Wellen. Ein Junge wurde entführt. Der Täter wurde zum Glück gefasst, hat aber das Versteck des entführten Jungen nicht verraten, und dieser drohte zu sterben, wenn er nicht rechtzeitig entdeckt würde. Aber der Täter schwieg, bis man ihm sehr starke Schmerzen androhte, um das Versteck zu verraten. Man fand den Jungen. Er war tot.

Jeder mitfühlende Mensch würde wahrscheinlich

die theoretische Möglichkeit, den Jungen zu retten, höher bewerten als die Qual des Entführers. Aber ist es auch richtig? Wäre dies gutes Handeln? So nachvollziehbar eine entsprechende Entscheidung in diesem Fall auch gewesen wäre, so problematisch würde es, akzeptierte man die Folter als ein legitimes Mittel, wenn auch nur in derartigen Grenzsituationen. Dadurch würden längst totgeglaubte blutrünstige unheilvolle Geister zum Leben erweckt. Das gutgemeinte Ziel würde hinter dieser neuen Barbarei mehr als verblassen. Denn wo sollte man dann die Grenzen ziehen? Wann dürfte dieses Mittel angewandt werden? Erst bei Jugendlichen ab 14 Jahren? Nur bei Terroristen und Drogen-Dealern? Wer bestimmt die Grenzen? Wer soll die Macht haben, über Folter oder Nichtfolter entscheiden zu dürfen? Denken wir nur an die gequälten Menschen, an die Schreie unbarmherzig Gemarterter in den Folterkellern dieser Welt, an die unzähligen Geschundenen, deren Wille und Körper man unter unsäglichen Qualen brach. Nein, zivilisierte, sich der Humanität verpflichtet fühlende demokratische Staaten, so meine Überzeugung, müssen die Folter als ein völlig indiskutables Instrument ablehnen, ja, es verachten! Zumindest diese Staaten

sollten ein Zeichen setzen, ein Zeichen, das man
in autokratischen Staaten wohl vergeblich sucht.
Der von den Nazis gefolterte jüdische Autor Jean
Améry (1912 – 1978) stellte resigniert fest, dass
der Gefolterte in der Welt *nicht mehr heimisch werden
kann*. Ich glaube, mehr ist dazu nicht mehr zu sagen.

Aber unsere Reise in menschengemachte Abgründe ist noch nicht zu Ende. Was um alles in
der Welt berechtigt uns Menschen in den hochentwickelten Industrienationen eigentlich dazu,
so zu leben, als gäbe es kein Morgen mehr? Der
CO_2-Ausstoß ist schlicht gigantisch, die Erderwärmung nimmt trotz aller Warnungen weiter zu,
im Regenwald finden noch immer Rodungen
statt. Die Industrienationen leben, scheinbar
ohne das geringste schlechte Gewissen zu haben,
auf Kosten der *ärmeren* Länder. Oder warum
muss ausgerechnet in Ghanas Hauptstadt Accra
als nur ein Beispiel unter unzähligen eine der
größten Elektromüllhalden der Welt Menschen
und Umwelt vergiften? Ja, warum ist das so? Und
wussten Sie, dass ungefähr drei Erden notwendig
wären, wenn alle Menschen so verschwenderisch
lebten wie wir Deutschen? Tja, wenn alle so lebten wie wir, mit einem dicken SUV sonntags

Brötchen holen, wie sähe die Welt dann aus? Und wie sollte man auch hungernden Menschen in Afrika erklären können, warum die Vorräte an Hunde- und Katzenfutter in deutschen Supermärkten sicherlich größer bemessen sind als die Lebensmittelvorräte ihres ganzen Dorfes? Die grausame Massentierhaltung für unsere preiswerten Grillkoteletts verhöhnt die Achtung und Demut vor lebenden Geschöpfen. Atommüll strahlt auch in mehreren zehntausend Jahren noch tödlich, und Jesus war gerade einmal vor 2000 Jahren auf der Welt. Und warum sieht sich ein deutscher Bundespräsident genötigt zu der Aussage, *dass es eine Tendenz zur Verrohung und Entsolidarisierung in unserem Land, in Deutschland, gibt, auf die man reagieren muss?*

Mich beschleicht das desillusionierende Gefühl, dass wir Menschen immer nur darauf aus sind, die nächstbeste Spielfigur auf dem Schachbrett zu schlagen, um möglichst schnellen Profit zu erzielen und/oder Macht zu erlangen. Wir merken aber nicht, dass blindes Schlagen von Schachfiguren nur dazu führt, dass eines Tages der eigene König schachmatt gesetzt wird, und wir alle das Spiel verlieren.

Ja, leider ist es wohl so. Die Welt insgesamt wird

sich nicht zu einem besseren Ort wandeln. Die Bilder ändern sich, nicht die Inhalte. Menschen handeln egoistisch, selbstsüchtig, skrupellos, unerbittlich, gnadenlos … Und je mehr Macht sie haben, desto *dunkler* wird es.

Aber zum Glück doch nicht alle, werden Sie denken. Stimmt! Menschen können auch Großes bewegen, positive Impulse setzen, die mitunter lawinenartige positive Prozesse auslösen. Ja, es gab einen Jesus, einen Marc Aurel, eine Mutter Teresa, einen Martin Luther King, einen Mahatma Gandhi und auch Sie werden Menschen kennen, die empathisch, liebevoll, Menschen zugewandt, uneigennützig sind, die einfach nur gut sind. Ja, Menschen scheinen mitunter so völlig unterschiedlich zu sein, könnten nicht gegensätzlicher sein. Warum ist das nur so? Sicherlich nicht allein wegen unserer Gene oder weil uns die Sozialisation, die Umwelt, so geprägt hätte. Nein, wir sind Ausdruck göttlichen Bewusstseins, Schaumkrone jenes grenzenlosen Meeres, und wir haben eine Lebensaufgabe, eine *große* Lebensaufgabe, zu erfüllen. Und manche haben diese fast oder auch schon ganz erfüllt, andere vielleicht erst zu einem gewissen Teil oder noch gar nicht, fangen sozusagen erst an. Dies alles in nur einem Leben zu schaffen, ist, glaube ich, schwer möglich. Womöglich auch noch in einem kurzen oder sehr kurzen Leben, das nach der Geburt auch schon wieder endete. Die Buddhisten *wissen* das, andere ahnen es.

Gehen wir einmal auf eine Phantasiereise: Alle Menschen entwickeln sich positiv und haben irgendwann einen bestmöglichen Gleichstand erreicht. Wir Menschen bilden aus diesem *glücklichen* Zustand heraus eine Weltregierung, die allen Kriegen, allen Hungersnöten, allen Umweltkatastrophen, allen negativen Lebensbedingungen ein Ende setzt. Punkt um, alles ist gut!

Hört sich das nicht phantastisch an? Nur, wenn es so wäre, wie sollten sich Menschen dann noch entwickeln können, wenn eh alles perfekt ist? Sollte jemals so ein paradiesischer Zustand erreicht werden, dann würde wohl tatsächlich ein Leben völlig ausreichen. Aber, wie gesagt, es ist eine Phantasiereise!

Und genau deshalb ist nicht nur die Wiedergeburt als ein starkes Indiz zu werten, sondern auch der *richtige* Weg zur Erfüllung unserer Lebensaufgabe. Die Frage ist nur, was genau der *richtige* Weg ist, und wenn ich ihn gefunden habe, in welche Richtung sollte ich dann gehen?

Mit Sicherheit der falsche Weg ist, immerzu den Erwartungen anderer gerecht zu werden.

Kennen wir doch alle, solch unsägliche Situationen, in denen man sich wieder einmal genau so verhalten hat, wie es die anderen von einem erwartet haben. Bloß keinen Stress, keinen Ärger kriegen, Hauptsache Ruhe, Friedhofsruhe!

Nein, so sollte es doch wohl nicht sein. Wo bliebe man da selbst? Also, weitersuchen! Einen neuen Weg finden. Frei und selbstbestimmt handeln. Das ist der richtige Weg. Sich so verhalten, wie es der inneren Überzeugung entspricht, ohne Bauchschmerzen, ohne Groll, in beruhigender Zuversicht, das Richtige zu tun. Natürlich sollten wir uns dabei immer auch kritisch hinterfragen, wie weit selbstbestimmtes Handeln gehen darf, ohne das Leben anderer zu sehr zu beeinflussen, vielleicht sogar zu verletzen. Stimmen jedoch eigene moralische Überzeugungen mit dem als richtig erkannten Weg überein, dann sollte die Ampel auf Grün springen. Je konsequenter ich selbst meinen Weg gehe, desto mehr werde ich auch akzeptiert, gerade weil ich versuche, wahrhaftig zu sein, es ehrlich meine, mir selbst und anderen gegenüber. So meine Erfahrung!

Es komme halt darauf an, dass einer es wagt, *ganz*

er selbst, ein einzelner Mensch, dieser bestimmte einzelne Mensch zu sein, … allein in dieser ungeheuren Anstrengung und mit dieser ungeheuren Verantwortung, so hatte es auch schon der dänische Philosoph Søren Kierkegaard (1813 – 1855) treffend ausgedrückt.

Du selbst zu sein, in einer Welt, die dich ständig anders haben will, ist die größte Errungenschaft, so auch der amerikanische Philosoph Ralph Waldo Emerson (1803 – 1882).

Wie recht doch diese großen Denker hatten. Sollte das nicht Richtschnur sein? Vom selbstbestimmten Handeln abzuweichen, nur um den Erwartungen anderer gerecht zu werden, führt häufig genug nur ins Desaster, ins psychische Chaos, zu Magengeschwüren oder gar Depressionen. Wie heißt es doch auch so treffend in der Anekdote von Rabbi Baal Schem, als man ihn kurz vor seinem Tod fragte, ob es für ihn nicht tröstlicher wäre, jetzt als Abraham vor Gott zu treten? Da antwortete er nur sehr gelassen: *Gott wird mich nicht fragen, warum warst du nicht Abraham, er wird fragen, warum warst du nicht Baal Schem.*

Und in welche Richtung sollte die Reise nun gehen? Was ist die richtige Richtung? Müssen wir alle zu *Gut-Menschen* werden, zu Umweltaktivisten, Kriegsdienstverweigerern, Ehrenamtlern?

Oder ganz im Gegenteil zu skrupellosen Egomanen wie etwa der im 19. Jahrhundert in Frankreich lebende Marquis de Sade? Dieser *Unmensch* hat das *Böse* quasi zur Philosophie erhoben. Ihn interessierte nur, was ihm persönlich den größtmöglichen Vorteil, Genuss oder Nutzen brachte. Menschen waren für ihn nur Instrumente, denen er sich bediente, um seine Gelüste und Perversionen ausleben zu können.

De Sade begründete seine *Antimoral* mit einem uns Menschen scheinbar innewohnenden *naturbedingten* Egoismus. Dieser Egoismus galt ihm als das *heiligste Gesetz*. Und wenn der Mensch diesem *Naturgesetz* folgt, handelt er absolut vernünftig. Handelt er also nicht danach, lebt er gegen die eigene Natur und damit unvernünftig. Und erst wenn er sich solchermaßen vernunftbezogen verhalte, sei er wirklich frei. Nach dieser Logik ist natürlich alles erlaubt, was immer man sich auch in seinen kühnsten Träumen vorzustellen vermag. So legitimiert de Sade sein perverses Handeln auch noch auf eine geradezu perfide Art. Er wäscht sich quasi selbst rein, egal, was immer er auch macht. Das *Böse* in Perfektion!

Sie merken, jetzt stecken wir mittendrin in einer zentralen philosophischen Fragestellung, nämlich der nach einem moralisch richtigen Verhalten. Das Schöne ist, dass wir bei dem Versuch, diese Frage beantworten zu wollen, eigentlich nichts falsch machen können. Denken darf man nämlich alles. Machen wir nur viel zu wenig oder haben eine völlig unbegründete Ehrfurcht vor philosophischen Fragen. Philosophieren kann jeder! Man muss nur neugierig sein und sich trauen, seinen Kopf zu benutzen.

Aber zurück zu unserer Fragestellung. Ich habe da eine klare Meinung. Ziel aller Entwicklung muss der menschenzugewandte, mitfühlende, *gute* Mensch sein. Ein katholischer Bischof hat dies einmal mit *grundlos gut* zu sein treffend formuliert. Und das bedeutet im Klartext, nur gut zu sein, weil ich ansonsten mit einer *Strafe* Gottes rechnen, vielleicht sogar in der Hölle schmoren müsste, so etwas kann natürlich diesem hehren Anspruch nicht gerecht werden. Wo kämen wir da auch hin, für ein solch berechnendes Verhalten auch noch mit dem Paradies belohnt zu werden. Und nur deshalb gute Taten zu begehen, um später davon einmal profitieren zu können, sie quasi als Faustpfand zu missbrauchen, wenn wir uns vor unserem *Schöpfer* für andere, vielleicht nicht immer ganz so edle Taten rechtfertigen müssen, würde diesem Anspruch natürlich auch nicht gerecht werden.

Merkwürdig nur, warum scheinbar so viele Menschen nicht die geringste Angst davor haben, mit dieser möglicherweise doch unangenehmen Situation konfrontiert zu werden. Aber, wenn man eh davon ausgeht, dass nach dem Tod alles vorbei ist, dann kann einem das doch auch relativ, um nicht zu sagen schnurzegal sein. Ob allerdings ein solches Denken vor dem Hintergrund all dessen, was in diesem Buch steht, wirklich klug ist?

Also, Punkt! Nur gut zu sein, weil ich mir dadurch irgendwelche Vorteile erhoffe, ist schlicht berechnend. Richtschnur muss sein, *grundlos gut* zu sein.

Ist mir natürlich klar, dass dies gar nicht so einfach ist, aber versuchen sollten wir es trotzdem.

Und wenn nun doch das Gegenteil richtig sein sollte, eine Entwicklung zu Egoismus, Selbstsucht, zum Bösen schlechthin? Theoretisch ist doch alles möglich.

Nehmen wir einmal an, es wäre so. Wo sollte dann aber eine solche Entwicklung enden? Hätten wir Menschen dann überhaupt eine Überlebenschance, wenn der eine den anderen immerzu zu seinem eigenen Vorteil und Nutzen *vernichten* wollte? Wo sollte ein solch *falscher* Weg hinführen? Bis der Egoistischste letztendlich allein dasteht, alles um sich herum ausgemerzt hätte und auf einem riesigen Geldsack sitzt? Ja, wenn es tatsächlich so wäre, dann müsste man ehrlicherweise kapitulieren und die Materialisten hätten doch recht. Dann kann das Leben keinen tieferen Sinn haben und erst recht keinen wahrhaftigen göttlichen. Ich halte eine Entwicklung zum Guten von daher einfach für logischer und folgerichtiger, weil chancenreicher und lebenserhaltender für alle. Und Jesus war auch nicht umsonst auf der Welt!

Gut, das leuchtet ein. Aber, haben wir eigentlich alle dieselbe Vorstellung von dem, was wir als gut empfinden? Haben wir alle denselben Kompass, legen wir alle dieselben Wertmaßstäbe an? Ist gut immer auch gut?

Die alliierten Soldaten im Zweiten Weltkrieg haben ohne Frage für das Gute gekämpft, sich dafür aufgeopfert, uns Deutsche von einer menschenverachtenden Diktatur zu befreien. Gleichzeitig wurden aber in jenem Krieg auch deutsche Städte wie Nürnberg, Hamburg, Berlin, Bochum, Essen, Dortmund, um nur einige wenige zu nennen, mit einer Erbarmungslosigkeit und Unerbittlichkeit bombardiert, sodass auch abertausende unschuldige Kinder, Frauen, Alte, Kranke und Gebrechliche, also durchweg wehrlose Menschen, zu Tode kamen, und dies nicht selten ohne die geringste kriegswichtige Bedeutung. Allein die schrecklichen Bombenangriffe auf Hamburg im Jahre 1943, die sich unter dem Decknamen Gomorrha in die unrühmliche Geschichte des Bombenwahnsinns im wahrsten Sinne des Wortes einbrannten, starben zigtausende Menschen. Fast die Hälfte aller Häuser wurde zerstört. Vom grenzenlosen Leid der Überlebenden ganz zu schweigen. Und kurz vor Ende des Krieges auch noch die totale Zerstörung Dresdens! Darf man ein solches Handeln auch als gut bezeichnen? Rechtfertigt das Ziel die Mittel? Oder ist es schlicht böse?

Drängt sich von daher nicht zwangsläufig die Frage auf, ob das *Böse* möglicherweise erst durch unsere menschliche Interpretation zum Bösen wird? Oder gibt es ganz im Gegenteil dazu auch so etwas wie ein *Ur-Böses*, das auch ohne unsere menschliche Sichtweise als böse zu werten ist?

Religiöse Menschen würden wohl sagen, dass das, was gut oder böse ist, in der Bibel, im Koran oder anderen *heiligen* Schriften steht bzw. die geistlichen Würdenträger es schon wüssten. Nur, wäre es so, was hätte das dann für all jene Menschen bedeutet, die schon lebten, bevor diese Schriften entstanden? Oder auch für Menschen, die nicht gläubig sind, jene Schriften schlicht nicht zur Kenntnis nehmen, nicht als Richtschnur akzeptieren wollen? Wie ungerecht! So lebten, leben diese Menschen doch ohne *heilige Richtlinien*, dürften dann ja eigentlich auch nicht wissen, was gut und was böse ist. Aber zeichnen sich solche Menschen immer als besonders böse Menschen aus? Vielleicht ist ja wegen dieser Ungereimtheiten doch unser subjektiver Blickwinkel Maßstab. Vertreter des *moralischen Relativismus* betonen diese sogenannte Standpunktabhängigkeit für das Fällen ethischer Urteile. Menschen haben eben zu allen Zeiten bestimmte Normen und gleichzeitig auch ihr Gegenteil verehrt, so war sich beispielsweise auch der französische Mathematiker und Philosoph Blaise Pascal (1623–1662) sicher. Und der bedeutende deutsche Philosoph Friedrich Nietzsche (1844–1900) stellte diesbezüglich fest, dass die Dinge nicht anders als von unserem Standpunkt aus gesehen werden könnten (…), weil wir nun einmal so und nicht anders beschaffen seien. Andere Philosophen, insbesondere aber auch die katholische Kirche, sehen das ganz anders. Für sie gibt es unverrückbare moralische Wahrheiten, kontextunabhängige Werte, klare, eindeutige Abgrenzungen zwischen Gut und Böse, quasi einem universellen Naturgesetz gleich. Die individuelle Auffassung dürfe jedenfalls keine Rolle spielen. Es gebe Dinge, so ein ehemaliger Papst, über die nicht eine Mehrheit entscheiden könne, denn es stünden Werte auf dem Spiel, die nicht im Ermessen des Menschen liegen dürften. Die Würde des Menschen sei beispielsweise so ein kontextunabhängiger Wert, der seine Grundlage in der göttlichen Schöpfung habe. Und wenn die Würde des Menschen einen solchen Wert widerspiegelt, dann ist deren Verletzung natürlich böse. Das klingt auf alle Fälle überzeugend. Wie sollte es auch immer möglich sein zu bestimmen, was gut oder böse ist, wenn es jeder nach eigener Einschätzung interpretieren könnte? Hat da nicht jeder seinen eigenen Kompass? Wollen Diktatoren nicht auch immer das Beste für ihr Land, um es einmal provokativ auszudrücken? Oder liege ich da falsch?

Mal angenommen ich würde überfallen und ausgeraubt, dann empfände ich diese Tat als böse –

ohne Wenn und Aber. Da wäre ich absolut kompromisslos. Wenn nun aber der Täter einfach nur Hunger hatte und von dem gestohlenen Geld zu McDonalds wollte? Dann würde dieser Mensch sicherlich wieder von nachsichtigen Zeitgenossen in Schutz genommen und die aussichtslose soziale Lage dafür verantwortlich gemacht werden, bestimmt ein armer Bürgergeld-Bezieher. *Böses-Light* sozusagen! Und Robin Hood, der *edle* Räuber?

Doch trotz dieser Widersprüche liegt hierin, finde ich, eine wesentliche Botschaft: Wird ein Mensch von einem anderen bedrängt, obwohl die *Not* des Täters diese Handlung nicht rechtfertigt, weil ein Vorteil für den Täter selbst oder sein durch die Tat verfolgtes Ziel geringer einzuschätzen ist als der durch die Tat erlittene Nachteil des Opfers, dann ist dieses Handeln böse.

Natürlich können *Vor- und Nachteile* im gesellschaftlichen Kontext auch wieder unterschiedlich interpretiert werden, aber dennoch glaube ich, hören sich diese Gedanken relativ überzeugend an. Ist es nun aber menschliche Interpretation oder folgt man doch einem göttlichen Gebot? Nur, was macht Robin Hood jetzt?

Wie man es auch immer drehen und wenden mag,

deutlich wird, dass auch der Philosophie hierdurch eine relevante gesellschaftspolitische Bedeutung zufällt. Wäre es nicht ehrenvoll und erstrebenswert, sich für Überzeugungen einzusetzen und zu versuchen diese auch politisch umzusetzen, wenn es darum geht, das *philosophisch* erkannte Böse zu verhindern oder es zumindest zu begrenzen?

Genau diesem Anspruch möchte auch das *Projekt Weltethos* gerecht werden. Die Idee dazu geht zurück auf den katholischen Theologen Hans Küng (1928 – 2021), der im Rahmen seiner weltweiten Forschungen erkannte, dass allen Weltreligionen und philosophisch-humanistischen Ansätzen bereits wesentliche gemeinsame Werte- und Moralvorstellungen zugrunde liegen. Die Goldene Regel beispielsweise, nach der man sich seinen Mitmenschen gegenüber so verhalten soll, wie man auch selbst behandelt werden möchte, finde sich in allen Traditionen wieder. Ebenso die Forderung, nach der alle Menschen – ausnahmslos – menschlich zu behandeln sind, sowie Werte wie Gewaltlosigkeit, Gerechtigkeit und Wahrhaftigkeit. Für unsere globale Gesellschaft brauche daher ein solcher gemeinsamer Wertekanon, der quasi einen von Kultur, Religion oder

Nationalität unabhängigen Grundkonsens über Werte und Normen widerspiegelt, erst gar nicht mehr entwickelt werden. Natürlich müsse dieser Kanon immer wieder neu bewusst gemacht, gelebt und weitergegeben werden, damit ein gutes und konstruktives Zusammenleben auf unserem Planeten möglich wird und bleibt.

Ohne Frage ein unterstützenswertes Anliegen!

Der kleine Juri starb im Sommer 1944 in der Hölle von Auschwitz. Kein Mensch auf dieser Welt kann dies gutheißen. Der nationalsozialistische Massenmord an den Juden ist und bleibt abgrundtief unmenschlich und böse. Von welcher Seite man es auch betrachten mag, es ändert nichts an dem Urteil. An diesem Fanal menschlicher Abgründe versagt die Relativität menschlicher Betrachtung und Interpretation. Hier hätte auch Pascal kapitulieren müssen und der Papst darf sich bestätigt fühlen, zumindest in diesem Punkt recht zu haben. Menschen lassen sich nicht in eine Werteskala einordnen. Es ist und bleibt so, dass kein einziger Mensch, der irgendwann einmal lebte, lebt oder in Zukunft leben wird, bei seiner Geburt in irgendeiner Weise Einfluss darauf nehmen konnte, unter welchen Bedingungen und Voraussetzungen er das Licht dieser Welt erblickt. Eine evangelische Theologin drückte es treffend aus, dass sich kein Mensch *der eigenen Anstrengung* verdanke. Schön gesagt! Und das bedeutet doch, dass alle Menschen zum Zeitpunkt ihrer Geburt tatsächlich gleich sind, gleich in der völligen Unbeeinflussbarkeit ihres *Ankommens* auf diese Welt. Insofern ist es doch geradezu aberwitzig, sich über andere Menschen erheben zu wollen, die es genau so wenig beeinflussen konnten wie diejenigen, die glauben, Menschen als minderwertiger brandmarken zu dürfen mit dem Recht ihrer letztendlichen Vernichtung. Diese Ausprägung des Bösen ist somit *absolut* böse, auch wenn es Menschen aus ihrem subjektiven Blickwinkel möglicherweise doch wieder anders sehen sollten.

Ja, eine Entwicklung zum Guten, zum grundlosen Guten, das muss Ziel menschlicher Entwicklung sein. Und mitfühlende, vorurteilslose, menschenzugewandte **Liebe** prägt dieses **Gute.**

Willigis Jäger (47) zitiert in seinem Buch *Aufbruch in ein neues Land* einen Text, der alles besagt:

> *Pflicht ohne Liebe macht verdrießlich.*
> *Verantwortung ohne Liebe macht rücksichtslos.*
> *Gerechtigkeit ohne Liebe macht hart.*
> *Erziehung ohne Liebe macht widerspruchsvoll.*

<blockquote>
Klugheit ohne Liebe macht gerissen.
Freundlichkeit ohne Liebe macht heuchlerisch.
Ordnung ohne Liebe macht kleinlich.
Sachkenntnis ohne Liebe macht rechthaberisch.
Macht ohne Liebe macht gewalttätig.
Ehre ohne Liebe macht hochmütig.
Besitz ohne Liebe macht geizig.
Glaube ohne Liebe macht fanatisch.
</blockquote>

Besser kann man es einfach nicht auf den Punkt bringen. Für jede Aussage könnte ich zigfache Beispiele aus dem Leben finden.

Denken wir an die Mystik, die Grenzen fallen und uns die Einheit mit Gott, die Allverbundenheit, spüren lässt. Ich bin Ausdruck göttlichen Bewusstseins, des grenzenlosen Meeres. Die Rebe wird sich bewusst, auch Rebstock zu sein. Was ich dem anderen antue, das tue ich mir selbst an. Wo sollte da noch Platz für Böses sein?

Auch Kant befasste sich zeitlebens mit dieser so grundsätzlichen Frage. Sein berühmter *kategorische Imperativ* (48) ist so etwas wie eine Handlungsanweisung für gutes, richtiges Verhalten:

Handle stets so, dass die Maxime deines Willens jederzeit zugleich als Prinzip einer allgemeinen Gesetzgebung gelten könnte.

Im Klartext bedeutet das, vorausschauend, dem Allgemeinwohl dienend zu handeln, daran zu denken, welche Folgen es hätte, wenn alle so handelten wie ich.

Lasse ich mich von dieser Maxime leiten, dann verbietet es sich, Mitmenschen zu übervorteilen, zu beleidigen, zu hintergehen, zu bestehlen, zu belügen, zu quälen, zu unterdrücken oder was auch immer, ja, noch nicht einmal bei der Steuererklärung zu mogeln, weil das eigene kleine Vergehen gemessen an den großen Ungerechtigkeiten doch eigentlich gar nicht ins Gewicht fällt. Für Kant gilt ausnahmslos, dass das Böse allein private Maximen formuliert, das heißt den Egoismus bedient, das Gute aber Voraussetzungen schafft, die allen zugutekommen. Recht hat er! Handelten alle *gut*, wäre die Welt ein lebenswerter und freundlicher Ort, handelten alle *schlecht*, wäre sie ein Ort des Grauens. Und diese Aussage ist nicht zu widerlegen!

Es muss, glaube ich, irgendein Kabarettist gewesen sein, der hat es noch prägnanter auf den Punkt gebracht. Zwei Dinge reichten seiner Meinung nach völlig aus: Toleranz und Nächstenliebe, mehr brauche es nicht, um gut zu sein. Ich kann ihm da auch nur zustimmen.

Spielen wir das einmal durch: Ich verteidige in einer Diskussion meine politische Auffassung. Jetzt will mir mein Gesprächspartner wegen meiner Meinung an die Gurgel. Also von Nächstenliebe ist da nicht viel zu spüren. Aus Nächstenliebe geht er mir nun aber nicht an die Gurgel, er will mir ja nichts Böses, dann kann ich auch problemlos tolerant sein. Und das Ganze funktioniert natürlich auch umgekehrt. Krieg? Geht aus Nächstenliebe nicht. Umweltzerstörung? Den Lebensraum meines Nächsten zerstören? Geht natürlich genauso wenig. Andere Religionen? Toleriere ich, die wollen mir ja nicht an die Gurgel, siehe Nächstenliebe!

Ein schönes Beispiel für Gemeinschaftssinn und Nächstenliebe zeigt auch das Verhalten afrikanischer Kinder: Ein europäischer Forscher bot hungrigen Kindern eines afrikanischen Stammes ein Spiel an. Er stellte einen Korb mit süßen Früchten an einen Baum und sagte ihnen, wer zuerst dort sei, gewinne alles Obst. Als er das Startsignal gab, nahmen sich die Kinder gegenseitig an den Händen, liefen gemeinsam los, setzten sich zusammen um den Korb und genossen die Leckereien. Als er sie fragte, weshalb sie alle zusammen gelaufen seien, wo doch jeder die Chance hatte, die Früchte für sich alleine zu gewinnen, sagten sie: *Ubuntu! Wie kann einer von uns froh sein, wenn all die anderen traurig sind?*

Wie sich wohl deutsche Kinder verhalten hätten?

Der Begriff **Ubuntu** bezeichnet eine Lebensphilosophie, die nach afrikanischer Überlieferung im alltäglichen Leben praktiziert werden sollte. Das Wort entstammt der Bantusprache und bedeutet so viel wie Menschlichkeit, Nächstenliebe und Gemeinsinn sowie die Erfahrung und das Bewusstsein, dass man selbst Teil eines Ganzen ist. Ubuntu spiegelt somit eine Grundhaltung wider, die sich insbesondere auf wechselseitigen Respekt und Anerkennung bezieht ganz nach dem Motto: Ich bin, weil wir sind.

Wäre ein solches Verhalten nicht gewinnbringend für uns alle? Ich handle gut und andere profitieren davon, andere handeln gut und ich profitiere.

Gewähre ich einem Autofahrer die Vorfahrt, dann wird er freundlich grüßen, vielleicht sogar ein kurzes Glück verspüren über so viel Freundlichkeit. Aber, wehe, ich nehme ihm die Vorfahrt oder hupe an der Ampel, wenn er zu langsam losfahren sollte, dann folgt zumeist ein Tsunami übelster Beschimpfungen, wobei der Stinkefinger dann wohl noch die freundlichste Geste ist.

Vergeude nicht dein Leben mit Gedanken über andere Menschen, wenn dies nicht im Blick auf das Gemeinwohl geschieht.

Recht hat er, der römische Kaiser Marc Aurel (121 – 180). Ein guter Mensch! Lassen wir einmal das Gemeinwohl weg, wie viele mögen sich darin wohl wiedererkennen? Macht doch Spaß, über andere zu lästern. Nach Marc Aurel komme es allerdings allein darauf an, den Blick auf sich selbst zu richten. Und da kann man ihm auch nur zustimmen, denn damit hätte wohl ein jeder wahrlich genug zu tun.

Von tiefer Menschenliebe erfüllt ist auch eine Episode aus dem Buch *Du bist nicht so wie andre Mütter* von Angelika Schrobsdorff.
Eine Tochter flieht mit ihrer jüdischen Mutter vor den Nazis. Auf ihrer Flucht verschlägt es sie in das Städtchen Buchowo in Bulgarien. Und dort macht sie die Erfahrung ihres Lebens. Buchowo habe sie gelehrt, *was Menschen, die aus dem Herzen leben, sein können.* Nie zuvor und nie danach habe sie wieder eine so uneigennützige Großzügigkeit und Hilfsbereitschaft erfahren wie dort. Und das

von Menschen, die selbst bitter arm waren.

Dieses Hoffnung spendende Gute wird auch in dem Film *Nackt unter Wölfen* (nach einer wahren Begebenheit) auf eine zutiefst anrührende Weise deutlich: Ende März 1945 wird ein dreijähriges jüdisches Kind in einem Koffer in das KZ Buchenwald geschmuggelt – und seine Rettung durch die Lagerinsassen wird zur Metapher für Menschlichkeit unter barbarischen Lebensbedingungen.

All diese berührenden Beispiele stehen stellvertretend für das Gute auf der Welt. Für das Gute, dem sich auch alle Religionen verpflichtet fühlen. Wären da nur nicht immer wieder Verblendete, die all das Positive so oft wieder ins schiere Gegenteil verkehren. Was mag nur in den Köpfen religiöser Fanatiker vorgehen, die vorsätzlich in Menschenmengen schießen, um möglichst viele *Ungläubige* zu töten? Ich begreife es nicht. Das Gegenteil von gut!

Spannen wir noch einmal den Bogen zu Nahtoderfahrungen. Was berührte jene Menschen, die es erlebten, so tief und nachhaltig? Es war doch dieses mit Worten nicht annähernd beschreibbare Licht, jenes Licht, das eine so intensive allumfassende Liebe und Geborgenheit ausstrahlte.

Die schönste, tiefste, allumfassendste Liebe, die ich je empfunden habe.

Und was spiegelt diese Liebe anderes wider als das Gute? Unsere menschliche Vorstellung von *gut sein* löst sich in dieser allumfassenden Liebe auf, findet zur Quelle zurück. Und worauf geht die Liebe zurück? Das kann dann nur Gott selbst sein. Das Gute, die Liebe symbolisiert jenes göttliche Bewusstsein, aus dem letztendlich alles hervorgeht. Und genau deshalb hilft uns die Quantenphysik auch bei der Beantwortung dieser so tiefgründigen philosophischen Fragestellung nach dem Guten. Alles entspringt jenem Meer göttlichen Bewusstseins, die reale materielle Welt und so auch das, was wir Menschen als unseren moralischen Kompass bezeichnen, ein Kompass, in dem sich die göttliche Liebe spiegelt. Und daran orientieren sich doch im tiefsten Innern alle Menschen auf dieser Welt. Sind wir nicht zumindest ansatzweise mitfühlend und menschenzugewandt? Eine alte Frau stürzt auf dem Bürgersteig. Würde nicht jeder spontan helfen? Würden Sie fünf kleine Kinder erschießen für fünf Millionen Euro? Auch da würde die größte Mehrheit sicherlich nicht mitmachen. Irgendwie meldet sich doch immer so etwas, was wir als unser Gewissen bezeichnen, als unseren moralischen Kompass. Und dass sich dieses Gewissen erst im Laufe des Lebens allein in Abhängigkeit von sozialen, politischen und religiösen Normen, durch Erziehung und Umwelteinflüsse herausgebildet hätte, so wie es die etablierte Wissenschaft postuliert, dies halte ich schlicht für viel zu kurz gegriffen. Denn dann hätte es sich ja auch völlig anders herausbilden können oder eben auch gar nicht. Gut, manche scheinen so gar kein Gewissen zu haben. Und in diesem Fall sind wir dann wieder an dem Punkt angelangt, an dem zu fragen ist, wo diese Menschen entwicklungsmäßig (wiedergeburtsmäßig) stehen? Über Kants *Ding an sich* lässt sich zwar auch hier wieder trefflich streiten, aber ich glaube, dass auch bei diesen Menschen mindestens so etwas wie ein Restgewissen vorhanden ist, vielleicht nur von einer dicken *Schlammschicht* überdeckt. Ich denke, uns Menschen wohnt ein solch allverbindendes mehr oder weniger stark ausgeprägtes Gewissen inne, ein solch moralischer Kompass, der grundlegende Spuren legt. Dieser Kompass spiegelt somit ein *moralisches Grundprinzip* wider, das wie die materielle Welt dem grenzenlosen göttlichen Bewusstsein entspringt – *Prinzipien des geistesähnlichen Hintergrunds des Universums sind*, wie Schäfer es ausdrückt.

In diesem *moralischen Grundprinzip* oder auch in Platons Idee des Guten spiegelt sich unsere Welt, unsere Lebensbühne. Das Gute, nennen wir es nun Prinzip oder Idee, bahnt sich sozusagen seinen Weg ins Reale. Der Axiarchismus, eine philosophische Denkrichtung, die auf den kanadischen Philosophen John Leslie zurückgeht, besagt genau das. Das Universum musste entstehen, weil sich eine gleichwie abstrakte Notwendigkeit des Guten realisieren müsse, *ins Sein katapultiert wird*, wie es Jim Holt in seinem Buch *Gibt es alles oder nichts?* ausdrückt (49). Mit einfachen Worten: Weil es das Gute als maßgebliches Prinzip gibt und das Gute auf alle Fälle besser ist als ein Nichts, muss es sich auch realisieren. Und genau deshalb gibt es uns, die Welt, das Universum.

Wie man dieses Prinzip, diese Idee nun auch immer begründen mag, ob man dahinter Gott vermutet, wie ich glaube, oder sich das Gute quasi aus sich selbst heraus begründet und realisiert, egal, es ändert nichts am Grundprinzip des Guten.

Wir wissen nicht nur seit Kant, wie schwierig es ist, Gott logisch umreißen zu wollen, es übersteigt schlicht unsere menschliche Vorstellungskraft und Erkenntnisfähigkeit, und diese Schlussfolgerung sollten nun endlich auch jene beherzigen, die immer und immer wieder versuchen ihn als nicht existent beweisen zu wollen. Wir können uns jenem Göttlichen, jenem Verborgenen, Spirituellen nur annähern und schlussfolgern, wie es wohl am wahrscheinlichsten sein könnte. Und genau deshalb glaube ich eingedenk all der in diesem Buch angeführten Indizien, dass wir aus jener allumfassenden göttlichen Liebe ins Leben treten, unser Leben auf dieses liebevolle Gute hin leben und auch wieder zurück in jenes göttliche Licht gehen. Und wenn wir in unserem Leben diesen liebevollen Weg noch nicht so ganz gefunden haben, dieses liebevolle *grundlose* Gute immer noch nicht als unser wesentliches moralisches Grundprinzip, als unseren moralischen Kompass verstanden haben, dann müssen wir halt wiederkommen und weitersuchen.

Vielleicht liegt ja doch darin auch der Grund, warum wir Menschen auf dieser *Lebensbühne* Welt häufig so grundverschieden sind, Lebensverläufe so voneinander abweichen. Der eine sucht noch, ist vielleicht erst in der 3. Klasse, der andere hat es schon gefunden, ist bereits in der letzten Klasse und wieder ein anderer muss erst lernen, es suchen zu wollen, wird also gerade erst eingeschult. Vielleicht ist so ja auch das mitunter so desillusionierende Gefühl zu verstehen, Gott greife wieder einmal nicht in den Weltenlauf ein, auch wenn wir es uns noch so inbrünstig wünschten. Aber, wir müssen den Weg schon **selbst** finden! Hätte Gott das tödliche Gas in Auschwitz unschädlich gemacht, dann wäre das für die betroffenen Menschen natürlich ein lebensrettendes Wunder gewesen, aber was wäre danach passiert? Was hätte mit den unzähligen Menschen überall auf der Welt geschehen müssen, die in ähnlich tödlichen Gefahren steckten oder anderen Grausamkeiten ausgeliefert waren? Und ihnen hätte Gott nicht geholfen? Wo hätte er also anfangen, wo aufhören müssen? Hätte er dann nicht auch den schicksalhaften Eisberg auf der Jungfernfahrt der Titanic beiseiteschieben, den verstümmelten, zerfetzten Soldaten in den unzähligen Kriegen helfen, dem Kinderschänder eine plötzliche Eingebung schicken müssen? Hätte er nicht Sorge tragen müssen dafür, dass Stauffenbergs Anschlag auf Hitler nicht scheiterte, die Atombombe über Hiroshima nicht explodierte? Nein, nein, wenn Gott irgendwo auf der Welt durch sein direktes Eingreifen irgendein Leid oder Böses verhindert hätte, dann hätte er selektieren müssen, oder aber der gesamte Weltenlauf wäre zum Erliegen gekommen, hätte er alles Böse, alles Leiden unterschiedslos unterbunden. Denn ohne Frage ist doch persönliches Leid für den jeweils Betroffenen immer am schlimmsten, am schwersten zu ertragen. Es wäre praktisch so, als schalte jemand den Fernseher aus, der Film aber noch lange nicht zu Ende ist. Und wie sollten wir Menschen uns auch auf solch einer Welt entwickeln können, wenn Gott ständig eingreifen würde? Wir könnten nicht *unser* Leben leben. Den Weg zum Guten müssen wir schon selbst finden. Und wenn Gott uns bei der Suche ein kleines bisschen helfen würde, wenn wir darüber zu Gott fänden, dann, denke ich, wäre dagegen nichts einzuwenden.

Jede Gelegenheit, sich selbst zu verändern, ist eine Gelegenheit, die Welt zu verändern (Paulo Coelho).

Ich träume von einer Welt des *Guten* und wir alle würden unsere ganze Energie und Kreativität darauf verwenden, dass Gute weiter zu veredeln, nicht nur für uns selbst, sondern auch im Dienste der ganzen Gesellschaft. Was wäre das für eine edle, sinnvolle, menschendienliche Aufgabe, die wahrhaft erfüllender wäre als der zum Glück nie erlahmende, aber nur allzu oft aufreibende, Kräfte zehrende und so oft auch aussichtslose Kampf der *Guten* gegen das *Böse* auf dieser Welt. Ja, so stelle ich mir eine lebenswerte Welt vor. Auch wenn dieser paradiesische Zustand auf unserem Planeten wohl nie erreicht wird, so hoffe ich, gibt es andere *Wirklichkeiten*, wo dies möglich ist oder möglich werden wird.

Dann sah ich einen neuen Himmel und eine neue Erde, denn der erste Himmel und die erste Erde sind vergangen ... und Gott wird abwischen alle Tränen von ihren Augen und der Tod wird nicht mehr sein, noch Leid noch Geschrei noch Schmerz wird mehr sein, denn das Erste ist vergangen. (Offenbarung des Johannes, 21)

Kapitel IV

Ein Fazit

Abb. 10

Die Welt ist keine Scheibe. Die Erde dreht sich um die Sonne. Das wissen wir. Wir Menschen sind keine zufälligen Kreaturen in einem sinnlosen Universum. Das wissen wir jetzt auch. Das materialistische Weltbild ist überholt. Es hatte seinerzeit seinen Siegeszug angetreten in der Hoffnung der Menschen, endlich die Welt verstehen und erklären zu können. Vieles ist dadurch ohne Zweifel auch erklärbarer geworden. Vieles aber eben auch nicht. Wenn man das nun akzeptieren würde, dann wäre ja alles gut. Aber, nein! Die von ihrem materialistischen Weltbild so überzeugten sind sich nach wie vor unverständlicherweise derart sicher, richtig zu liegen, dass sie für Andersdenkende oft nur jenes besagte müde Lächeln übrighaben.

Im SPIEGEL vom 11.03.2023 etwa antwortete eine Physikerin auf die Frage, ob Sie an Gott glaube, mit einem klaren *Nein*. Obwohl sie einräumen musste, dass die Wissenschaft weder über die Geburt des Universums (den Urknall) vor ca. 14 Milliarden Jahren seriöse Aussagen treffen könne – geschweige denn darüber, was davor war – noch über das Ende. Genauso gut könne man eine *Fruchtfliege* fragen, wie morgen das Wetter wird, so ihre Antwort auf die Frage, wie das Universum dereinst enden wird.

Ich frage mich, wie man sich vor einer solchen doch eher dünnen Faktenlage so sicher sein kann, den Glauben an Gott so rigoros ausschließen zu dürfen. Müsste man nicht zumindest in Erwägung ziehen, es offen zu lassen? Gut, glauben kann natürlich jeder alles. Aber suggeriert eine so unzweideutige Antwort einer Naturwissenschaftlerin nicht auch, dass wir Menschen dann wohl doch nur Spielball jenes naturwissenschaftlich sinnlosen, gottlosen zufälligen Geschehens sind? Von daher ist natürlich auch die Antwort auf eine weitere Frage, ob der Kosmos einen Zweck erfülle, aus ihrer Sichtweise nur logisch und folgerichtig: *Sicher nicht in dem Sinn, dass es für uns Menschen geschaffen wurde.*

Und einmal mehr stelle ich mir die Frage, warum es dann dies alles, dieses so phantastische ehrfurchtgebietende Universum überhaupt gibt? Warum ist es so und nicht anders? Alles doch nur Zufall?

Ich kann es nicht glauben und diese Erkenntnis scheint sich so langsam auch bei Naturwissenschaftlern durchzusetzen. Naturkonstanten wie die Schwerkraft oder die Masse eines Protons als Voraussetzung für die Entstehung von Leben können nicht aus reinem Zufall so sein, wie sie sind. So Peter Möller (50), Physikprofessor aus Hamburg. Müssten deshalb nicht auch überzeugte Materialisten dem lieben Gott zumindest eine kleine Nische einräumen?

Nein, tun sie nicht. Jegliche Schöpfervorstellungen werden aus ihren Gedankenspielen nämlich umgehend mit dem Hinweis eliminiert, dass unser ganzes gigantisches Universum aus dem *Nichts* entstanden sei.

Zu den Physikern, die diesen Standpunkt vertreten, gehören zum Beispiel der US-amerikanische Physiker Lawrence Krauss und auch die Physik-Ikone Stephen Hawking.

In seinem Buch *Ein Universum aus Nichts* (51) versucht Krauss den Nachweis zu führen, dass ausdrücklich auch etwas so Unvorstellbares wie unser Universum aus dem *Nichts* entstanden sein könnte, ein Schöpfergott also überflüssig ist.

Wissen muss man dabei allerdings, dass es sich hierbei keinesfalls um ein *absolutes Nichts* handelt, da es einen im wahrsten Sinne des Wortes *leeren* Raum gar nicht gibt. Selbst ein perfektes Vakuum enthalte ein *kochendes Gebräu* aus virtuellen Partikeln, die erscheinen und auch wieder verschwinden. *Quanten-Fluktuationen* nennen Physiker solch zufällige Energieschwankungen im Vakuum. Sie verstehen darunter das spontane Entstehen eines Teilchens und seines Pendants, eines Antiteilchens. Normalerweise löschen sie sich kurz darauf wieder gegenseitig aus. Doch sei es denkbar, dass es am Anfang des Universums zu einer winzigen Ungleichverteilung kam, einem leichten Überschuss von Materie über Antimaterie. Und genau das sei die Substanz, so Krauss, *aus der jene Sterne und Galaxien bestehen, wie wir sie heute im Universum sehen.*

Halten wir zuerst einmal fest: Ein absolutes Nichts, wie man sich das ja eigentlich so vorstellt, wenn man an ein Nichts denkt, das gibt es gar nicht, sondern es ist vielmehr so etwas wie eine *kochende Suppe* und diese Suppe erinnert mich doch schon eher an unser grenzenloses Meer als das genaue Gegenteil von Nichts.

Und eine zweite Merkwürdigkeit zeigt sich doch auch darin: Warum gab es überhaupt jenen Überschuss, der unser Leben erst ermöglichte? Einmal mehr wieder nur Zufall?

Und noch merkwürdiger wird das Ganze, weil neueste Ergebnisse am Kernforschungszentrum (CERN) in Genf darauf hinweisen, dass man beim Urknall keinesfalls von einer Asymmetrie zwischen Materie und Antimaterie ausgehen könne: *Wir haben mit hoher Messpräzision ausgeschlossen, dass der Unterschied zwischen Materie und Antimaterie auf einer Differenz der Masse beruht. Wir haben keinen Unterschied zwischen Protonen und Antiprotonen gefunden, der die Existenz von Materie im Universum erklären könnte*, so ein beteiligter Wissenschaftler (52). Aber genau das unterstellt ja Krauss in seiner Annahme, warum unser Universum überhaupt entstehen konnte.

Tja, gar nicht so einfach das Ganze, so ganz ohne Gott auskommen zu wollen.

Da hilft auch nicht die These von einem *Mutter-Universum* weiter, aus dem angeblich unser Universum entstanden sei. Hierbei handelt es sich um eine Theorie von Lee Smolin, ebenfalls ein US-amerikanischer Physiker.

Und woher kommt dann dieses Mutter-Universum? Und so weiter und so fort …

Vielleicht sind Materialisten ja auch in ihrem Denken so verfangen, dass irgendwann der Blick nicht mehr in die Weite gehen kann, der Blick nur noch auf komplizierten mathematischen Berechnungen ruht, der philosophische Gedanken und Sichtweisen mehr und mehr vernebelt bzw. ganz ausschließt. Vor allem den Blick darauf, dass

nicht alles Zufall, ohne jeden Sinn entstanden
sein kann, wir nicht ausnahmslos Lebewesen mit
einem ausschließlich im Gehirn erzeugten Bewusstsein sind, die sich nach dem Tod im Staube
des Nichts auflösen. Dass eine solch doch eher
grobschlächtig verengende gott- und seelenlose
Sichtweise unserer Materialisten zu kurz greifen
muss, liegt doch aufgrund der in diesem Buch angeführten Indizien mehr als auf der Hand.

*Der Naturforscher sollte sich immer bewusst sein, dass alle
Erfahrung auf Sinneswahrnehmungen beruht. Ein Forscher, der über den abstrakten Formeln die Erscheinungen
vergisst, zu deren Deutung sie dienen, ist kein richtiger
Naturforscher, Physiker oder Chemiker, und wenn er gar
über seinen Büchern der Buntheit und Schönheit der Natur entfremdet wird, so nenne ich ihn einen armen Tropf
(Max Born, Physiknobelpreisträger).*

Weist überdies nicht auch Anton Zeilingers Hinweis auf die Information als Grundlage von allem
darauf hin, dass das Wunder unseres Seins nicht
so offenkundig zu erklären ist, wie es die Materialisten immer wieder versuchen? Woher kommen
denn all diese maßgeblichen Informationen für
das, was existiert? Hier schließt sich doch der
Kreis wieder, Anfang und Ende, alles, was wir begreifen und nicht begreifen können hat seine

Ursache in etwas, was diese Informationen ermöglicht. Mögen wir es nennen, wie wir wollen. Auch hierfür reicht unsere Sprache nicht aus. Ich nenne es Gott, ist jenes göttliche Bewusstsein, aus dem alles hervorgeht. Sie, ich, wir alle! Wir sind nicht jene sinnlose Leben fristenden zufällig entstandenen Kreaturen in einem sinnlosen Universum. So können nur Menschen denken, die lediglich anerkennen, was wissenschaftlich bewiesen ist, was man berechnen, operationalisieren kann. *Seele? Was soll das sein?* Aber alle wissenschaftlichen Erkenntnisse sind menschengemacht. Wir sehen nur die Grundfarben und nicht die Dimensionen einer viel größeren Farbenvielfalt. Fängt man aber erst einmal an, die Farben zu mischen, das heißt zu umreißen, was möglich sein könnte, so erschließen sich uns auch ganz neue Welten.

Was muss eigentlich noch alles passieren, wie viele Zeichen muss es noch geben, bis dieses materialistische Weltbild endlich dort endgelagert wird, wo auch schon so viele andere kuriose Vorstellungen endgelagert wurden. Denken wir nur an die Sonne, die sich um die Erde dreht, an die Erde als den Mittelpunkt des Universums oder auch an den Glauben, bald alle physikalischen

Fragen beantwortet zu haben.

Der Mensch denkt - und Gott lacht. So ein bekanntes jüdisches Sprichwort! Ich würde es leicht abändern: *Der Materialist denkt - und Gott lacht.*

Unser Leben ist sinnhaft, ist Ausdruck jenes unendlichen göttlichen Bewusstseins. Wir alle entstammen diesem göttlichen Meer, leben unser Leben hier auf dieser *Lebensbühne*, die sich Erde nennt, unser Bewusstsein nimmt quasi Gestalt an, materialisiert sich, und nach dem körperlichen Tod tauchen wir, unser *gereiftes* Bewusstsein, wieder ein in jenes Meer. Alle in diesem Buch angeführten Indizien weisen doch unmissverständlich darauf hin, dass unser individuelles Bewusstsein, nennen wir es nun Geist, Seele oder wie auch immer, den leiblichen Tod *überlebt*. Es spricht einfach so viel mehr dafür als dagegen, die Indizienkette reicht also für ein Urteil aus. Und hinter diesem *Überleben* muss sich ein Prinzip verbergen, warum es überlebt. Sei es nun, dass sich dieses *Etwas* auf irgendeine Weise *weiterentwickeln* soll — so meine Auffassung —, oder christlich gedacht, sich dahinter die Pforten des Paradieses öffnen oder aber auch etwas völlig anderes, egal, hinter diesem *Überlebensprinzip* kann sich nur jenes göttliche Bewusstsein verbergen. Denn so phantastisch ja schon das Wunder des physischen Lebens auf unserem Planeten ist, wie ungleich phantastischer und unbegreiflicher ist jene den leiblichen Tod überdauernde *geistige* Facette menschlichen Seins. Ein Gott wäre eigentlich nur dann überflüssig, wenn tatsächlich das große *Nichts* am Ende stünde und alles Leben nur jene temporäre, zufällige, sinnlose Erscheinung wäre, die sich spätestens mit dem Verglühen unserer Sonne von der Erde verabschiedete. Es sei denn, man reduziert Gott auf eine immerhin theoretisch vorstellbare moralische Instanz, die der mitunter bestialischen Grausamkeit der Menschen Einhalt gebieten könnte. Aber genau das gelingt ja – wie wir leider immer wieder feststellen müssen – auch nur in einem eher bescheidenen Maße.

Denken wir an die zahlreichen Berichte nahtoderfahrener Menschen, die schon dieses Licht, diese allumfassende Liebe sahen und spürten, keine Zweifel mehr daran haben, dass es nicht so sein könnte, wie ich es in diesem Buch beschrieben habe. Denken wir an die Erlebnisse, die den Betroffenen realer erschienen, als alles, was sie bisher in ihrem Leben als Realität wahrgenommen haben. Denken wir an die wundersamen Erkenntnisse der Quantenphysik, die unser gewohntes Bild von der Welt so grundsätzlich auf den Kopf gestellt haben und zeigen, dass unsere Wirklichkeit nicht **die** Wirklichkeit ist. Denken wir auch an all die anderen so wundersamen Dinge und vergessen wir auch nicht all jenes, was vielleicht auch Sie schon erlebt haben mögen und sich bisher nicht so recht erklären konnten.

Wir werden geboren, um zu lernen, uns jener göttlichen Liebe anzunähern, sie zu erkennen. Im Guten das Maßgebliche zu sehen, es zur Maxime unseres Handelns zu machen, dies als die Leitplanken unseres Weges zu verinnerlichen. Nahtoderfahrungen lassen uns erahnen, was diese grenzenlose göttliche Liebe, dieses ultimative Gute bedeuten mag. Wir leben in der Gewissheit dieser Liebe. Der Tod öffnet uns das Tor, ist der Übergang zu jener hellen allumfassenden Liebe, die uns dereinst spüren lassen wird, wieder zuhause zu sein.

Nein, die Reise ist noch nicht zu Ende.

Anmerkungen

1 www.sonntagsblatt.de/artikel/glaube/um-
frage-wie-viele-deutsche-glauben-ein-leben-
nach-dem-tod, 2023

2 Der Spiegel, 53/2015

3 www.abenteuer-philosophie.com/manifest-
fuer-eine-post-materialistische-wissenschaft

4 bild der wissenschaft, September 2024, S. 15

5 Günter Ewald, Die Physik und das Jenseits,
Pattloch Verlag 1998, S. 121 ff.

6 https://de.wikipedia.org/wiki/Doppelspaltex-
periment

7 www.spiegel.de/wissenschaft/technik/physi-
ker-melden-neue n-quantenrekord-2000-atome-
an-zwei-orten-a-1289502.html

8 Shimon Malin, Wie die Quantenphysik unser
Weltbild verändert, Reclam Verlag 2004, S. 323
ff.

9 Lothar Schäfer, Versteckte Wirklichkeit – Wie
uns die Quantenphysik zur Transzendenz führt,

Hirzel Verlag 2004, S. 108 ff.

10 David Bohm, Die implizite Ordnung …, in: Rennee Weber, ALLES LEBEN IST EINS, Crotona Verlag 2019, S. 45 f.

11 Hans-Peter Dürr, Auch die Wissenschaft spricht nur in Gleichnissen, Verlag Herder 2010

12 Spektrum der Wissenschaft, Vom Atomkern bis zum Kosmos, 2, 2016, S. 26

13 Richard P. Feynman, Sechs physikalische Fingerübungen, Pieper Verlag 2009, S. 60

14 Anton Zeilinger, Einsteins Spuk, Wilhelm Goldmann Verlag 2007, S. 70 ff.

15 Lothar Schäfer, a.a.O., S. 60 ff.

16 Willigis Jäger, Aufbruch in ein neues Land, Herder Verlag 2003, S. 33 ff.

17 Jörg Zink, Gotteswahrnehmung, Gütersloher Verlagshaus 2009, S. 215

18 William James, Die Vielfalt der religiösen Erfahrung, Verlag der Weltreligionen 2010, S. 397 f.

19 Bruce Greyson, Nahtod, Ansata Verlag 2021

20 Jeffrey Long, Beweise für ein Leben nach dem Tod, Goldmann Verlag 2010

21 Raymond A. Moody, Leben nach dem Tod, Rowohlt Verlag 2001

22 Pim van Lommel, Endloses Bewusstsein, Patmos Verlag 2011

23 Eben Alexander, Blick in die Ewigkeit, Heyne Verlag 2016

24 Peter Vajkoczy, Kopfarbeit, Droemer Verlag 2022, S. 8

25 Bruce Greyson, a.a.O., S. 198

26 Joachim Habersang, Hauch der Jahreszeiten, BoD 2023

27 Hans-Peter Dürr, Gedanken über die Einheit des Lebens, Crotona Verlag 2010, S. 82

28 www.welt.de/kmpkt/article237423509/Ungewoehnliche-Signale-Patient-stirbt-das-passierte-dabei-in-seinem-Gehirn.html, 2022

29 www.gesundheitsinformation.de/was-pas-
siert-bei-einer-elektroenzephalografie-eeg.html

30 www.n-tv.de/wissen/Studie-findet-Hinweise-
auf-Nahtoderfahrungen-article24091240.html,
2023

31 www.dseite.de/vis/atl.php?titel=Ketze-
risch,%20falsch%20und%20absurd

32 www.doccheck.com/de/detail/artic-
les/22675-demenz-geheilt-fuer-ein-paar-minu-
ten

33 Sam Parnia, Der Tod muss nicht das Ende
sein, Heyne Verlag 2015, S. 349

34 bild der wissenschaft, 9/2024, S. 49

35 Thorwald Dethlefsen, Das Erlebnis der Wiedergeburt, Bertelsmann Verlag 1976, S. 32

36 www.exomagazin.tv/hinweise-auf-wiederge-
burt-dr-michael-nahm, 2022

37 Ian Stevenson, Reinkarnation in Europa,
Aquamarin 2020, S. 37 f.

38 Edmond Szekely, Heliand, Evangelium des
vollkommenen Lebens, Drei Eichen Verlag

2002, S. 71 f.

39 Enno Edzard Popkes, Jesus als Begründer eines platonischen Christentums - Die Botschaft des Thomasevangeliums, BoD 2019

40 www.aphorismen.de/zitat/2413

41 www.deutschlandfunk.de/das-wunder-von-lourdes-100.html

42 Begegnungen mit Verstorbenen, Alois Serwaty, Joachim Nicolay (Hrsg.), Santiago Verlag 2010, S. 30 f.

43 www.adcrp.org/project

44 www.sueddeutsche.de/kultur/kunst-von-geistern-geleitet-1.4204585

45 Raymond Moody, PROOF of LIFE after LIFE, Atria Paperback 2023

46 Andreas Englisch, Johannes Paul II, BoD 2020

47 Willigis Jäger, Aufbruch in ein neues Land, Herder Verlag 2003, S. 72 f.

48 www.dajolens.de/blog/kategorischer-

imperativ

49 Jim Holt, Gibt es alles oder nichts?, Rowohlt Verlag 2014, S. 267

50 Peter Möller, Warum es Leben im Universum gibt, Verlag Dr. Köster 2021, S. 19 f.

51 Lawrence M. Krauss, Ein Universum aus Nichts, Penguin Verlag 2012

Abbildungen 1 - 10: selbsterstelltes Foto, istock-photos, Wikipedia, Wikimedia